プロローグ

私の実践的スキルを要約せよ、と求められたなら、
ただひと言「サバイバル」と答えるだろう。
まず生き残れ。儲けるのはそれからだ。

（ジョージ・ソロス）

宴のあとは……

ついに、「最後のバブル」がやってきてしまった。

皆様もご存じかもしれないが、この本の執筆を決めた二〇一八年九月頃から、お隣中国では不動産が再上昇し始めた。しかもその中身は異常で、上海や北京といった一級都市ではなく、人口がすでに減り始めた片田舎の三級、四級都市が暴騰し始めているのだ。

中国本土の影響をもろに受ける香港では、さらに異様な光景が目につく。オークションでは、サントリーの限定ウイスキー「山崎」（日本での時価一〇〇万円）が三〇〇〇万円で落札され、こぶしサイズの香木《こうぼく》が五〇〇〇万円以上で取引されている。まさに、四〇〇年前にオランダを席巻した「チューリップバブル」さながらの光景が、至るところに出現している。

ＮＹダウも、いよいよ史上最高値を更新してその後上下を繰り返しており、世界の中心から遠く離れたニュージーランド最大の都市オークランドでも、ボロ屋の戸建て（庭も狭い）が一億円もするという狂気の沙汰が生じている。しかも、ニュージーランド人の誰一人として不動産が下がるなどということを考えてもいない。

一九八九年の秋を思い出して欲しい。当時、日本では株は最後の棒上げ状態に突入し、連日のように高値引け（三時の大引けの日経平均が一番高いという夢のような状況）が起き、人々はバブルの美酒に酔いしれた。入社一年目の証券レディのボーナスが三〇〇万円だったという、ウソのような本当の話が当たり前だった。人々は、借金を当然のようにして株や不動産を買い漁った。同じことが、今や世界中で行なわれている。

そして二〇一八年秋、ついに全世界の総債務（借金の総額）が二京七〇〇〇兆円という、前代未聞の状況に到達した。八九年の秋を再び思い出すがよい。そのわずか五ヵ月後の九〇年二月中旬から株は前代未聞の暴落を始め、多くの人々が阿鼻叫喚の中で全財産を失い、ある者は首をくくり、ある者は自己破産して消えて行った。

読者に警告する。備えよ、耳をすませ、早く逃げろ‼　逃げ遅れた者は、まさに死ぬ目に遭うだろう。もうまもなく、株価も不動産も未曾有の暴落に突入するはずだ。

こうした時こそ、本物の情報があなたを助ける。それを入手し、生き残りたい方は本書を熟読後、巻末のエピローグを見て欲しい。そこに、サバイバルのヒントが書いてある。

巨大津波は、もうそこまで迫っている。それを乗り越え、ぜひ一緒に生き残ろうではないか。

二〇一八年一一月吉日

浅井　隆

目次

最後のバブルそして金融崩壊————

第三章　オーストラリア、カナダ、ニュージーランドの不動産狂騒曲

第六章　二京七〇〇〇兆円の史上最大の借金
――リーマンが残したもの

エピローグ

※注　本書では注記のない部分は一ドル＝一一〇円で計算しました。

第一章

香港のオークションが沸騰
ウイスキー一本が一億二〇〇〇万円!?

金融資産は、直接投資よりもさらに移動性が激しい。
金融資産はどこであれ、もっとも儲かるところに移動して行く。
個々の国は、それを繁栄の先駆けとしてこぞって引き寄せようとする。

（ジョージ・ソロス）

香港のオークションで繰り広げられる狂騒

二〇一八年五月一八日、香港のオークションで驚愕すべき落札が起こった。なんと、出品されたウイスキーに一億二一八五万円の値が付いたのである。たかがウイスキー一本に、だ。

出品されたのはザ・マッカラン（代表的なスコッチ・ウイスキーの一種。世界中に愛好家が存在し、日本ではサントリーが販売している）の六〇年で、イタリアの画家ヴァレリオ・アダミ氏がラベルをデザインしたものだ。

ここ日本でマッカランと言えば、一二年もので大体八〇〇〇円ほど、一八年ものが大体三万円ほどで取引されている。出品されたマッカランは、一九二六年に蒸留され一九八六年にボトル詰めされるまでの期間を樽で熟成した正真正銘のヴィンテージ・ウイスキー。しかも、イタリアで著名なアダミ氏がラベルをデザインしたボトルは世界に二四本しかなく、ウイスキー・コレクターからすると垂涎の的のようだ。

しかし、それでも一億二〇〇〇万円というのは高過ぎるだろう。確かに六〇年という長期間熟成のウイスキーというのはただでさえ珍しく、六〇年以上のマッカランはウイスキーの〝最高峰〟だと言われている。なかなかお目にかかることはない上、インターネットで検索してみると、仮に高級なバーなどで出会えたとしてもグラス一杯の値段は数十万だ。

ただ、いくら大層な代物とはいえ、ウイスキー一本に一億二〇〇〇万円の値が付くことなど常識的に考えておかしい。多くの読者も同意見ではないだろうか。ちなみにこの日のオークションでは、同じマッカランの六〇年でラベルを英国の画家ピーター・ブレイクがデザインしたものも出品されたが、そちらも一億一二三五万円で落札されている。アダミ氏デザインのものと同じく、世間の常識とはおおよそかけ離れた値段だ。

ところで、それまでウイスキー一本当たりに付けられた史上最高額は、六二万八〇〇〇ドル。二〇一四年にサザビーズ香港で出品されたマッカランの「M

デキャンタ」というウイスキーだ。今回のマッカラン六〇年は、その時の記録から約二倍という大幅な更新である。

実は、これと似たようなことが日本産のウイスキーでも起こっているのだ。二〇一八年一月二七日、サザビーズ香港に二〇一一年にサントリーが売り出したシングルモルト・ウイスキーの「山崎五〇年」が出品されたのだが、日本産のウイスキーでは過去最高となる三二五〇万円で落札されたのである。発売当時の値段は、約一〇〇万円だ。

ご存じかもしれないが、近年は日本産のウイスキーが世界中で爆発的な人気を博している。それでもこの落札額は高過ぎると言ってよい。ちなみに、それまでの過去最高額は二〇一五年八月に出品された「軽井沢１９６０」で、約一四三〇万円。先のマッカランと同様、数年で倍以上の更新である。

現在の香港のオークション市場は、文字通り沸騰中だ。私が思うに、ほぼ確実にフロス（カプチーノに乗っている小さい泡。グリーンスパン氏が初めて形容した）が発生している。現地などではまだまだ強気な人もいるが、オークション市場の沸騰はバブルの最終局面であることが多く、かなりの注意を要したい。

沸騰を証明するかのごとく、近年は多くのジャンルで史上最高額が更新されている。たとえばハンドバッグだが、二〇一七年五月三一日のクリスティーズ香港でエルメスのバーキンが四二〇〇万円という史上最高額を付けた。このバーキンは「ヒマラヤ」と言い、コレクターの間では極めて貴重なアイテムと知られ、ダイヤモンドとホワイトゴールドによる豪華な装飾が施されている。それでもバッグ一つに四二〇〇万円というのは、にわかには信じられない。

さらに同年一〇月三日のサザビーズ香港で、「汝窯青磁筆洗《じょようせいじひっせん》」という北宋時代（一〇～一二世紀）に作られた陶磁器が、中国の陶磁器としては史上最高額となる四二億四八〇〇万円で落札されている。それまでの最高額は二〇一二年に落札された約二一億円。こちらも数年間で倍以上の更新だ。

ところで、近年は中国美術品の〝復権〟が叫ばれて久しい。「歴史を長い目で見れば、中国は約四〇〇〇年にわたって世界の王者でした。ここ数十年は低迷しましたが、現在は勢力を盛り返しています。二〇〇〇年を境に、中国人が美術品市場でも主役に返り咲き、美術品の爆発的高騰が見られます」（GOETHE電子版二〇一八年一月一一日付）。

こう語るのは、当時サザビーズ・ジャパンの代表取締役社長であった平野龍一氏だ。平野氏は数十億円での落札が常態化しつつある中国美術品には、まだ伸びしろがあると断言する。その理由として、近年は中国人だけでなく米国や英国、そして日本人の間でも中国美術の人気が高まっているという。ちなみに、私の会社がある近くの神保町近辺にも最近になって中国美術品・高額買取を謳う質屋が増えてきた。まさに沸騰の証である。

話をオークションに戻すが、ジュエリー部門でも二〇一七年に史上最高額が更新された。同年四月四日のサザビーズ香港で、五九・六カラットのファンシー・ヴィヴィッド・ピンクの大粒ダイヤモンド（オーバルミックスカット、インターナリーフローレス）が出品され、驚異の約七九億円で落札されている。この額は、これまでのファンシー・ヴィヴィッド・ピンクの世界記録の約二倍であり、美術品を含め、香港のオークション史上における最高額だ。

全世界で活況を呈するオークション市場

香港以外でも、史上最高額の更新が後を絶たない。たとえばサザビーズが米カリフォルニア州で開いたオークションで、史上最高値を付けたのがスーパー・カーの代名詞とも言えるフェラーリ。二〇一八年八月二五日、そのフェラーリの250GTOという車種が、フェラーリのオークション史上では最高額の四八四〇万ドル（約五三億二四〇〇万円）で落札された。

同じくサザビーズで、二〇一八年五月一四日にも驚愕の落札が起きている。出品されたのはイタリア出身の画家であるアメデオ・モディリアーニが描いた裸婦画で、ニューヨークで競売に掛けられた結果、なんと一億五七二〇万ドル（約一七三億円）で落札された。この一七三億というのは、サザビーズの歴史上でもっとも高い落札額である。ちなみに出品者が二〇〇三年に落札した際の価格は二六九〇万ドルで、この一五年で約六倍も上昇した形だ。

資産インフレ真っ只中

こうしたニュースと相まって、最近では美術品投資の有用性が盛んに取り沙汰されているが、率直に言って今から美術品投資を始めることを私はお勧めしない。その理由を述べて行こう。

美術品はオークションにおける花形の存在だが、多くのジャンルのオークションの中でも美術品市場の好調さは際立っている。美術品のデータ調査を手がける世界最大手のアート・プライスの二〇一八年上半期の世界美術品市場報告では、かつてない強気の言葉が並んだ。報告書のサマリーにはこうした文言が踊っている――「すべての指標がポジティブ」。

実際にすべての指標がポジティブで、報告書は「過去数年間の魅力的なリターンは他の多くの投資を上回っており、美術品市場はすべての大陸で独立し、流動的で、効率的な市場となった」と自信を覗かせた。美術品を筆頭とするコレクターズ・アイテムの高騰に合わせるかのように、オークション市場でも高額な取引が急増しているため、世界のオークション市場の売上高は二〇一八年の上半期に過去最高を記録している。

香港を含め世界中でオークションが沸騰している理由は、至って単純明快だ。深刻な〝カネ余り〟が発生しているからである。

ご存じのようにリーマン・ショックを境として主要国の中央銀行は一斉に金融緩和を実施した。ところが先進国を中心に資金需要が弱く、金融機関に流れ込んだマネーが株式や高利回り商品などのリスク資産に向かったのである。その一部が、最近になってオークション市場にも向かうようになったのだ。

過去の水準と比べて世界中で銀行の預金金利が低下しているため、インフレ率がそれなりに高いところでは預金に逆ザヤが発生し、中国や香港などでは預金の一部がリスク資産に向かったとも推察される。実際、米ドルにペッグしている香港の政策金利は、ＦＯＭＣ（米連邦公開市場委員会）と歩調を合わせる

香港の住宅価格指数とインフレ率（1999年を100とする）

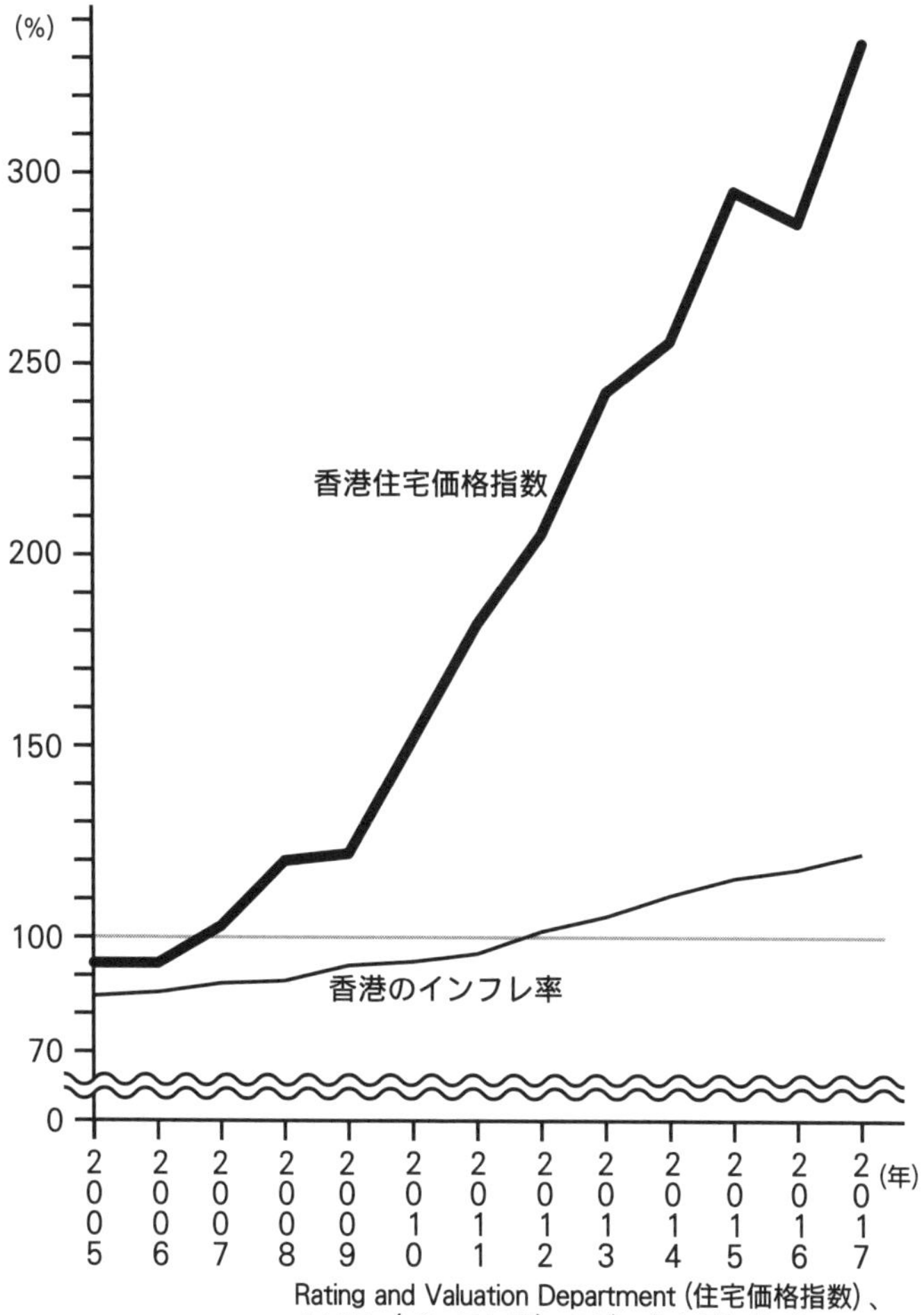

Rating and Valuation Department（住宅価格指数）、
ＩＭＦ（インフレ率）のデータを基に作成

ように二〇〇八年八月の三・五％から同年一二月には〇・五％へ急降下。そこから二〇一五年一二月まで一度たりとも利上げをせず、現状（二〇一八年九月末）でも二・五％と、過去の平均と比べて段違いに低い。ちなみに二〇〇六〜二〇〇七年は、五・七五〜六・七五％のレンジで推移していた。

二三ページのチャートをご覧いただければ一目瞭然だが、政策金利が急降下した二〇〇九年の初頭から香港の不動産価格は、まさにうなぎのぼりとも呼べる上昇を演じている。

香港の住宅価格は、一九九七年のアジア通貨危機を皮切りにドットコム・バブルの崩壊を経て二〇〇〇年代の初頭に近年の大底を付けたのだが、そこから現在までにおよそ四倍も上昇した。そして、その上昇のほとんどがリーマン・ショック以降に起こっている。英フィナンシャル・タイムズ（二〇一八年八月一七日付）によると、現在の香港ではわずか一一平方メートルほどの物件がなんと二二八万香港ドル（二九万米ドル）で売りに出されているのだ。まさに、異常と言う他ない。

世界中の投資家が重宝するＵＢＳグループの「主要二〇都市グローバル不動産バブル指数」（二〇一八年版）でも、香港こそがもっともバブルリスクが高い都市と位置付けられている。下手をすると、人類史上最悪の不動産バブルが発生しているかもしれない。

香港の債務と不動産バブル

当然のことながら、イケイケの資産インフレにはツケも生じる。これを聞いたら愕然とするであろう話をしたい。それは、香港の債務に関する話だ。

国際決済銀行によると、香港の民間セクター（家計と金融機関を除く企業）の債務残高の対ＧＤＰ（国内総生産）比は、二〇一七年末時点で三〇二・九％となっている。内訳は家計セクターが七〇・六％で、企業が二三二・三％。日本のバブル崩壊時も企業セクターの債務残高が問題視されたが、ピーク時（一九九三年三月末）でも一四七・六％であった。

香港ドルは米ドルにペッグしているため、通貨の価値を安定的に保つにはFRB（米連邦準備制度理事会）の金融政策に追随せざるを得ない。すなわち、米国が利上げモードに入った今、香港の金利にも同じく上昇圧力がかかっている。それゆえ、前出のフィナンシャル・タイムズによると、二〇一八年に入ってHSBC（Hong kong and Shanghai Banking Corp.Ltd.）を含む主要銀行が住宅ローンの金利を引き上げた。当然、これは不動産市場には不利に働く。

また、資本流出の影も見え隠れし始めた。実際、香港金融管理局（HKMA：中央銀行に相当）は、二〇一八年三月に香港ドルが三三年ぶりの安値を付けたため、ここ最近は通貨防衛に四苦八苦している。

米国に連動して政策金利を引き上げているのに香港ドルが安値を付けたのは、政策金利に市中金利がなかなか追随しないことが原因だ。これは、香港が金融政策では米国に連動する一方、経済では中国に依存していることに由来する。それゆえ、ヘッジファンドに代表される一部の投機筋が二〇一八年に入ってから米ドル買い／香港ドル売りに目を付けた。現に、HKMAは二〇一八年に入ってから外国為替市場において幾度となく香港ドル買い／米ドル売りを余儀なくされており、それが結果的に銀行間の流動性を示すアグリゲートバランス（決済性預金残高）を低下させ、現状は二〇〇八年以来となる一〇〇〇億ドル以下にまで落ち込んでいる。投機筋の中には、「香港のドルペッグ制は崩壊する」と息巻いている者も少なくない。

香港バブルのド天井

私は、二〇一八年一〇月末に投資家を装って香港の不動産バブルを取材したが、まさにバブルのド天井を見た気がした。私が見学したのは、東京でいうと都心から少し離れたエリア（千代田区ほど中心ではないが23区で山の手線内といったところか）の一五〇平米のマンションだったが、安いもので価格は一〇億円、高いもので一三億円という具合だった。これが東京だと一億五〇〇〇万円くらいで買える。すなわち、香港の不動産は東京の七倍くらいの水準だ。「こんな物件を喜んで買う人の頭の構造を知りたい」と率直に思ったものである。

現地の人は深刻なバブルだと認識していないように思えた。私が訪ねた不動産業者は、「香港の不動産価格は大したことない。ニューヨークやロンドンの方が上でしょう」などととぼけていたし、知り合いの日本人は「香港は事情が違う」と力説する。香港ではテレビで常に株価などの市況が映し出されているほど多くの人が株をやり、チャンスがあれば不動産を買いたいと思っているという。要は、不動産に対する需要が常にあると言いたいのだろう。

確かに、香港に限らず大陸（中国本土）にも当てはまることだが、中国人の男性は不動産を所有していないと結婚しづらい。男性諸君にとっては酷だが、住宅を持っていないと女性から相手にされないという風習が存在するのだ。だからこそ、家族や知人から借金をしても不動産の購入にこだわる男性が多い。

これらは確かに強気材料だが、私は香港が〝最悪〟の不動産バブルに陥っていると確信している。

「（居住用の）不動産価格は過去一〇年間でほぼ三倍に上昇しており、今では、ピークから大底にかけて価格が半値に落ち込んだアジア危機当時と比べて高く見える。（中略）価格は今、とてつもなく過大評価されているように見える」（フィナンシャル・タイムズ二〇一八年八月一七日付）――英キャピタル・エコノミクスのアナリスト、ギャレス・レザー氏はこう話す。

アジア通貨危機の際、香港の不動産価格はおよそ半値にまで急落したが、香港経済に占める不動産の割合はその当時よりも高まっており（建設と不動産サービスを含めると一割を占めるとも言われている）、半値に落ち込まなくとも深刻な打撃を与える可能性がある。

バンクオブアメリカ・メリルリンチのアナリストは、二〇一九～二〇二〇年にかけて香港の不動産価格が一〇～二〇％下落すると予想しているが、ここ一〇年は本格的な調整を経験していないこともあり、投資家のセンチメント（心理）が急速に悪化すれば、投資用物件に関しては二〇％下げた辺りから投売り（狼狽売り）に発展するかもしれない。

ちなみに、日本の不動産バブルが崩壊した際には六五％も値を下げた。またサブプライム・バブルの崩壊では、米国の住宅価格指数は二〇〇六～二〇〇九年までに三割下落、それに合わせて家計資産六兆ドル（六六〇兆円）も蒸発している。

繰り返すが、私は今回の香港の取材でまさにバブルの〝ド天井〟を見た気がした。正確を期すと、バブルは弾けてみて初めてバブルであったと判別できるが、歴史の教訓からすると住宅ばかりかオークション市場までかつてないほど熱狂している香港の現状は、究極のバブルだと言える。それも、人類史上で〝最悪〟の部類に入るほどひどいものかもしれない。

これがいつ弾けるかはわからないが、次章では香港と密接に関係している中国経済の動向からそれを探ってみたい。

第二章

慌てた習近平のおかげで中国全土は再バブルへ

株価が五〇％下落してもパニックに陥らないこと。
そういう時にこそありがたく買うこと。

（ウォーレン・バフェット）

中国株の暴落を尻目になかなか暴落しない不動産

二〇一八年に入って、中国株が明らかな変調を来たしている。中国株を代表する上海総合指数は、二〇一八年一月の高値からわずか五ヵ月間で二〇％下落。二〇一八年六月二六日には、世界の主要株価指数に先駆けて弱気相場に突入した。そして一〇月一八日には二五〇〇ポイントの大台を割り、およそ四年振りとなる安値を付けている。

その翌日、劉鶴《りゅうかく》副首相など四人の政府高官が次のように語った――「中国経済はとても健全で、問題はあるものの大きなものではなく、株式市場の現在の下降状況は経済の基本面を反映したものではなく、投資家の自信不足に過ぎない。そのため、恐慌ムードに圧倒される必要はまるでなく、みなが自信を持てば、見通しは明るくなる」（Ｊ―ＣＡＳＴニュース二〇一八年一一月三日付）。

まさしく強弁に過ぎない。真に経済が好調であるならば、主要国に先駆けて株価が弱気相場に突入することなどあり得ない。「株価は景気の先行き指標」と言うが、このたびの暴落は行く手に待ち構えている中国経済の〝大混乱〟を暗示していると考えられる。余談だが、中国株に連動するように、香港株もすでに主要国に先駆けて弱気相場入りを果たした。

中国も香港と同様に、人類史上で最悪のバブルの渦中にあると見られる。その最大の原因は、リーマン・ショック以降、長期間にわたって供給され続けた低金利マネーだ。二〇〇八年末からの五年間、中国の政策金利（インフレ率を調整した実質ベース）はわずか〇・七％と、新興国では異例中の異例である〝超〟が付くほどの低金利状態が続いた。

これが資産インフレに火をつけたのである。代表的なものが株や不動産だが、にんにくや青豆の市場が投機の場と化したケースもあった。前章でも述べたように、中国本土では預金金利に逆ザヤが発生していることや、中国人が元来の投資好きということもあり、ありとあらゆる分野で投機的な行為が日常化している。リーマン・ショック以降、株も含めて幾度となく高騰と暴落を繰り返してきた。ただし、それらが原因で社会不安が起きたためしは、一度もない。

　上海総合指数は二〇〇七年一〇月に過去最高の六一二四ポイントを付け、そこから一年後の二〇〇八年一〇月には一六六四ポイントまで暴落。その当時は、指数が五〇〇〇ポイントを割ったら経済危機が起きるとしばしば言われ、そこをあっさり割ると、真のレッドライン（危険水域）は三〇〇〇ポイントだとも言われた。ところが、ウルトラ・レッドライン（社会不安増幅）と言われていた二〇〇〇ポイントを下回っても社会不安は起こらなかったのだが、これは中国の株式市場が単なる個人投資家の投機の場と化していることに由来する。直近は二五〇〇ポイント付近で推移しているが、中国株を巡る環境は以前とそこまで変わっていない。

　やはり、中国経済の本命は不動産だ。ブルームバーグ・インテリジェンスによると、直接・間接的な寄与を踏まえると、中国の国内総生産（ＧＤＰ）に占める不動産セクターの割合は約二〇％。香港のそれよりも高い。

「サビルズによれば、中国の不動産総額は二〇一六年末までに約四三兆ドル

（約四八〇兆円）に達した。これは同国GDPの三七五％に相当し、不動産投機ブームのピークを迎えた一九九〇年当時の日本の不動産総額に匹敵する数字となる」（二〇一八年九月一七日付英ロイター）。

すなわち、不動産セクターがコケたら中国経済は間違いなくコケる。ただし、この一〇年間で起こった他のバブルと違って、不動産が深刻な下落に直面したためしはない。これは、中国政府が不動産セクターを他の何よりも重視している証拠であり、高騰も困るが暴落はもっと困るという心情の表れだ。中国政府は、不動産セクターが真にコケそうになると、有無を言わさず救済に動く。

中国はよく「世界の工場」と形容され、経済成長の源泉が輸出にあると思っている人が多いが、それは二〇〇八年までの話だ。実はリーマン・ショック以降は、公共事業や企業の設備投資といった国内投資に依存した経済成長が続いている。そして、その投資のほとんどが建設に向けられた。その結果、米国地質研究所の試算によると、中国は二〇一一〜二〇一三年にかけて米国の二〇世紀を通じた消費量を上回るセメントを使ったという。

私の部下が二〇一八年の二月、四川省の都江堰《とこうえん》という秦の時代にできた水利施設に赴いたのだが、その帰りの新幹線から驚くべき風景を見たという。そう、鬼城（ゴーストタウン）である。彼らが乗車したのは都江堰から成都までだったが、その途中のほとんどで鬼城が観察できたのだ。特に紅光鎮《フォングアンジェン》という駅から犀浦《シープー》という駅までの区間の鬼城は、脅威の規模であった。沿線に延々と、これでもかというほど高層ビルが乱立しているのだが、明らかに人気がないのである。夜に歩いたら、ぞっとするレベルだ。

事実、中国の空き家率は深刻な水準となっている。二〇一八年一一月九日付の米ブルームバーグによると、中国（都市部）の現時点の空き家率は約二二％。すなわち、五軒に一軒は空き家なのだ。調査を行なった四川省成都市の西南財経大学の甘教授は「空き家率がこれほど高い国はほかにない」と指摘。「不動産市場で亀裂が表面化した場合、売りに出される住宅が洪水のように中国に打撃を与えるだろう」（ブルームバーグ二〇一八年一一月九日付）と警鐘を鳴らした。

ちなみに、他国の空き家率は以下の通り。米国＝一二・七％、日本＝一三・

五%、香港＝三・七%、台湾＝一四・二%。中国のそれは、群を抜いて高い。前述したように、これほど住宅が供給過剰であるのにも関わらず、中国の不動産価格は過去一〇年間で本格的な調整を経験していない。

しかし、そろそろ陰りが出てきたという指摘も出ている。というのも、ここに来て中国各地で不動産業者の値引き販売に対する抗議が相次いでいるのだ。

中国では例年、国慶節（建国記念日）のある一〇月に住宅販売のピークを迎えるのだが、二〇一八年の一〇月は市況悪化のニュースばかりが報じられている。ニュースを読み解くと、中国の不動産価格はいまだ本格的な下落に転じていないが、新築住宅成約平均価格の伸び率（前年同月比）が二〇一八年九月まで一四ヵ月連続で鈍化。また前月比に目を移すと、二〇一八年九月は三一の都市で下落している。

そして、市況悪化を受けて一部の不動産業者が値下げ販売に踏み切ったようだ。国慶節の連休中、上海市にあるマンション分譲住宅「恵南碧桂園南郡プロジェクト」の販売価格が、一平方メートル当たり三万五〇〇〇元（約五七万円）

から二万六〇〇〇元（約四二万円）に値下げ。この突然の措置に、事前に同物件を高値で購入した人たちが抗議したのである。上海市の他にも、複数の都市で抗議が相次いだ。西南財経大学の不動産市場研究員のリュー・ルー氏は次のように話す。「市況悪化は始まったばかり。価格がピークだった二〇一七年に不動産を購入した人たちはいら立ちを強めている」（英フィナンシャル・タイムズ二〇一八年一〇月一七日付）。

では、中国の不動産市場は本格的な調整局面を迎えるのだろうか？　私の答えは、意外かもしれないが否である。その理由は、中国政府が再び支援に乗り出したからだ。その支援が〝最後のバブル〟を誘発し、後に壮大な崩壊局面を招くであろう。

数兆元の大盤振舞い、再び

広く知られているように、中国政府はリーマン・ショックの際、四兆元（当時のレートで約五七兆円）の景気対策を講じていち早くＶ字回復を果たした。その当時と比較すると規模は控えめになるが、二〇一八年の〝異変〟に動揺した習近平政権も大盤振舞いと呼べる景気対策を用意した。規模は、日本円にして四四・一兆円。しかも、場合によってはこの額はさらに膨らむ見通しだ。

中国は今、深刻なジレンマに陥っている。それは、先の四兆元対策に端を発した債務の急増を抑制しつつ、経済成長を実現させなくてはならないというジレンマだ。また、それには投資主導の成長から消費主導の成長へと構造改革が伴う。まさに茨の道であり、私の見立てでは失敗する確率の方が圧倒的に高い。その最大の理由は、あまりにも膨大な〝累積債務〟だ。

二〇〇八年以降、中国の債務残高は驚くべき増加を示している。四兆元という空前の景気対策により、インフラ、不動産、製造業の分野で資金需要が一気に高まり、累積債務が加速度的に膨らんだ。国際決済銀行（ＢＩＳ）によると、中国の家計債務（対ＧＤＰ比）は二〇〇八年末の一七・九％から二〇一七年末には四八・四％に、企業債務（同前）は二〇〇八年末の九六・三％から二〇一

中国の債務の増加（対GDP比）

	2008年末	2017年末
家計債務	17.9% →	48.4%
企業債務	96.3% →	160.3%
政府債務	27.1% →	47%
総債務残高	141.3% →	255.7%

企業債務の増加がひどい

国際決済銀行（BIS）調べ

七年末には一六〇・三％に、政府債務（同前）は二〇〇八年末の二七・一％から二〇一七年末には四七％へと増えている。とりわけ、企業債務の増え方は尋常ではない。

中国の総債務残高は、二〇〇八年末の一四一・三％から二〇一七年末には二五五・七％に増えている。すなわち、一〇年間でGDPにして一〇〇％分の債務が増加したことになるが、これは米国で二〇〇八年までの一〇年間に増加した規模のおよそ二倍だ。そう、あれほどの金融危機を招いた米国の債務膨張ペースをはるかに凌ぐ速度で、中国の債務は増えている。

習近平政権は、二〇一二年の就任当初からこの累積債務の問題を危惧していた。このトレンドが持続不可能なのは、火を見るより明らかである。遅きに失した感は否めないが、中国政府は二〇一七年にデレバレッジ（債務圧縮）に乗り出した。すると総債務の対GDP比は、二〇一七年九月末の二五六・九％から同年一二月には二五五・七％へと低下している。

削減の規模はあくまで微々たるものであったが、当局がシャドーバンキングを重点的に取り締まった結果、民間企業の資金繰りが急速に悪化、デフォルトが頻発した。中国では国有企業による大手銀行へのアクセスは容易だが、民間企業は基本的にシャドーバンキングでの資金調達を強いられている。二〇一八年一～九月に債務不履行した二一九の企業のうち、二四社が民間企業であった。ちなみに中国では、民間企業がGDPの六割を占め、都市部の雇用の約八割を担っている。

微々たる債務削減にも関わらず中国経済が傾きかけたということは、いかに現在の中国が債務に依存しているかという証左だ。こうした当局のデレバレッジに加えて米中貿易戦争も勃発したため、二〇一八年七月─九月期の成長率は六・五%まで下落。これはリーマン・ショック（二〇〇九年）以来の低さだ。

中国政府は相当、焦っているはずだ。二〇一八年一一月二日に中国人民銀行（中央銀行）が発表した「二〇一八年金融報告」と題したレポートでは、中国当局としては珍しく「来年（二〇一九年）には『灰色のサイ（存在は明白だが見過ごされがちな問題）』に関連した金融リスクが表面化する可能性がある」（ロイター二〇一八年一一月二日付）と弱気な見方が示されている。

彼らは対策に躍起だ。人民銀行は二〇一八年に入ってから一月、四月、七月、一〇月の四回にわたって預金準備率を引き下げて流動性を供給している。また、中国政府は二二・八兆円のインフラ債の発行、さらには個人所得税などを対象とした二一・三兆円規模の減税を打ち出した。

すでに中国経済は危機的な状態にあると言えるが、このインフラ債発行と減税措置が台風の目となる可能性がある。ただし、インフラ投資はかつてのような起爆剤にはならない見込みだ。重要なのは、減税である。

先ほどリーマン・ショック以降の中国の経済成長は国内投資に依存していると書いたが、直近では投資が大幅に減速しており、その代わりに消費が台頭してきた。二〇一八年一月—九月期の成長に占める消費の割合は八〇％と、二〇一〇年の四五％から大幅に増えている（ちなみに同期間の米国のそれは七〇％前後）。正直なところ、危機的な中国経済の中で消費だけが明るい。言い換えると、消費が減退すれば中国は真の危機を迎える。

中国経済の消費の代表的なバロメーターは、旅行とネット通販だ。そしてそのどちらも健全な伸びを示している。ちなみに旅行は、海外旅行ではなく国内旅行を参考にした方がよい。その国内旅行だが、二〇一八年の国慶節（一〇月一日～一〇月七日）の国内観光客数は、前年比九・四三％増の七億二六〇〇万人。同期間の国内観光収入は、前年比九・〇四％増の五九九〇億八〇〇〇万元（約九兆五八〇〇億円）。同期間の小売・外食産業の売上高は、前年比九・五％の一兆四〇〇〇億元（約二二兆四〇〇〇億円）。

また、今や米国のブラック・フライデーやサイバー・マンデーをはるかに凌ぎ、一日のオンライン小売売上高で世界最大となった「独身の日」（一一月一一日）の勢いも衰えていない。二〇一八年は、二四時間の売り上げがアリババ・ホールディングス一社だけで前年比二七％増となる二一三五億元（約三兆四九〇〇億円）を記録。その他のＥコマースも好調を博した。

好調を維持する個人消費は中国経済の最後の砦であるが、言うまでもなく減税は個人消費の追い風となる。私が思うに、これはまさに中国政府によるバブル延命措置だ。二〇一八年一〇月二六日付米ウォール・ストリート・ジャーナルは、「中国の景気刺激策、インフラから減税へシフトか」と題した記事で次のように指摘している――「中国政府が金融政策の緩和と地方自治体の支出拡大という従来通りの景気刺激策を今回も実施するのは難しそうである。というのも、銀行は不良債権で圧迫されており、資金調達機関である融資平台（ＬＧＦＶ）は最大六兆ドルの債務（分析会社ロディアム・グループの見積もり）にあえいでいるからだ。そうなると、減税措置しかない」。

さらには中国人民銀行の元主席エコノミストが「中国政府は二〇一九年に国内総生産（ＧＤＰ）の一％以上に相当する減税やその他の措置を立法化する可能性がある」と話していることに触れ、実現すれば先のトランプ減税の規模を上回るとし、「この一年間は米国の減税措置が市場を動かしてきたが、向こう一年間は中国が大きな要因となるかもしれない」と結んでいる。

前述したように、中国政府はすでに一兆三〇〇〇億元の減税措置を打ち出しており、その規模はさらに大きくなるかもしれない（現に、自動車購入税の大幅な減税などが取り沙汰されている)。しかし、減税の効果は短命に終わるだろう。他国の例でもそうだが、減税で増えた所得の一部分は貯蓄に回ってしまうことが少なくない。それゆえ、減税の効果は往々にして長続きしない（これはトランプ減税にも当てはまる)。もって一年くらいのものだ。

また、直近の中国では家計セクターの債務が急速な増加を示しており、仮に減税しても消費が思った以上に伸びない可能性もある。現に、オーストラリアやニュージーランドといったオセアニア圏では住宅ローンが消費の足かせとなっており、景気が思ったように伸びない。中国の家計債務は二〇一七年末時点で対ＧＤＰ比四八・四％と、他の重債務国と比べればそこまで高いとは言えないが、対可処分所得比で見ると一〇七・二％となっており、これはリーマン・ショック直前の米国に近い水準だ。ちなみに、中国の家計債務のおよそ六割は住宅ローンだとされる。

それでも今回の対策は規模が規模だけに、短期的に消費者心理を大幅に改善させる潜在性を持つ。一時的に、中国経済が息を吹き返す可能性は十分ある。

しかし、その先に待っているのは債務のさらなる増加と、それに伴ったバブルのさらなる膨張だ。行く行くの破滅は必至であろう。

中国の失速は世界的な破局に直結

「一九三〇年代の大恐慌が再現される可能性がある」と言っても、恐らくほとんどの人は信じない。しかし、中国経済が失速すれば十二分に大恐慌が再来する可能性がある。以下の数字を持ってして、その根拠を説明したい。

まず、重要なのは二七・二％という数字だ。これはブルームバーグが購買力平価調整後のＩＭＦ（国際通貨基金）のデータを用いて算出した、二〇一八〜二〇一九年における中国経済が世界の成長に占める寄与率だ。これに一一・九％のインド、そして一二・三％の米国が続く。

このことが意味するのは、中国経済が大幅に減速すれば世界経済に与えるダメージは甚大である、ということだ。現在、中国以外に目ぼしい世界経済のけん引役は見当たらず、仮に中国がコケれば全世界がコケる。日米独を含めたG7は、もはやけん引役にあらず（G7全体の寄与率は年を追うごとに減って行くと予測されている）、頼みの綱は中国やインドといった新興国なのだ。

もちろん、名目GDPの規模では米国がいまだに圧倒的なナンバーワンであり、米国の動向にも世界経済は左右される。それは、FRB（米連邦準備制度理事会）の金融政策が世界にもたらす影響を見れば一目瞭然だ。しかし、昨今の米中経済は密接に関係しており、中国という成長セクターを失えば、必ず米国に降りかかってくる。

二〇一五年頃から中国経済の崩壊に焦点を当て、ことあるごとに人民元や香港ドルを空売りしている米ヘイマン・キャピタル・マネジメントのカイル・バスは、かつて中国経済の減速は「災難どころか、世界全体に最悪の事態をもたらすかもしれない」（サーチナ二〇一四年六月三日付）と警鐘を鳴らした。バス氏は二〇一六年に「人民元が三〇％余り値下がりする」として人民元に空売りを仕掛けたが、結果は惨敗。ただし、バス氏は最近でも中国経済の崩壊に賭けているようだ。バス氏は「中国の銀行システムに信用危機が発生すれば、その損失額は米国の銀行がサブプライム・バブルで被った額のおよそ五倍にのぼる」と予想している。

二〇一五～二〇一六年には、バス氏だけでなく著名投資家のジョージ・ソロスなども人民元の空売りに参戦したと報じられた。しかし、その当時は中国共産党の勝利で幕を閉じている（当時、共産党の機関紙である人民日報はソロス氏を名指しで罵った）。ソロス氏はかねてから、中国の「シャドーバンキングの急激な成長には二〇〇七―〇八年の金融危機を引き起こした米国のサブプライム住宅ローン市場と気になる類似性がある」（ブルームバーグ二〇一三年四月八日付）と警告している。

先の戦いは中国の勝利で終わったが、二〇一九～二〇二〇年にかけて戦いの第二幕が開けるはずだ。中国の外貨準備高は二〇一八年一〇月末に前月比三三九億二七〇〇億ドル減と、二〇一六年一二月以降で最高の減少幅を記録している。人民元は、二〇一八年に入って一〇％も下落していた。また、中国当局は国内居住者に対外投資を自制するよう金融機関における〝窓口指導〟を強化。資本流出に敏感になっている。

二〇一八年一〇月時点の中国の外貨準備高は三兆五三〇〇億ドルと、一見するととても豊富だが、中身を精査すると外貨防衛に使える分は極めて乏しい。外貨準備のうち約六割（一兆八七〇五億ドル）は中国企業が発行した外債（対外債務）で、二割（五九六〇億ドル）は外国企業による直接投資だ。それらを差し引くと、中国当局の〝持ち玉〟は一兆ドルをはるかに下回り、実質六〇〇〇億ドル程度だと見られる。中国の防御力は、見た目の数字よりも脆い。外貨準備が三兆ドルを下回れば、通貨防衛のために人民銀行が緊急的に利上げを実施し、金融システムに強烈な引き締めが訪れると予想する悲観派もいる。

最後に、こんなジンクスも指摘しておきたい。それは、世界の銀行の時価総額ランキングで、ある国がトップを占めるとその国はそれから数年後に金融危機に見舞われる、という話だ。一九八八年に銀行の時価総額ランキングの一〜九位を独占したのは、日本勢。その直後にバブルが崩壊、失われた二〇年を経て、現在ランキング内にいる邦銀は一行のみ。続いて二〇〇七年のランキングでは米英がトップ一〇を独占。すると、翌年のリーマン・ショックでトップ四行が公的な救済を受けた。二〇一〇年には、欧州で債務危機も起きている。

二〇一八年のランキングでトップを独占しているのは、お察しの通り中国勢。このことは、信用拡大のペースが他の地域と国よりも速いことを示している。

時折、「中国経済は計画経済だから危機は起こり得ない」などといった暴論も耳にするが、歴史を教訓にすると永遠の繁栄など存在しない。持続不可能なペースで債務を積み上げてきた中国経済も、いずれかの時点でクラッシュする。

それは、早くて二〇一九年、遅くとも二〇二〇年頃だろう。

第三章　オーストラリア、カナダ、ニュージーランドの不動産狂騒曲

今、どのような変化が起きていて、
それがどうやってお金を生み出すかを考えることが大切です。

（ジム・ロジャーズ）

〝家計債務〟が危機的水準の国々

世界中がバブルに浮かれる中、どの国に逃げれば次のバブル崩壊の被害をもっとも抑えることができるのか。今、発生しているバブルを見ると、二〇〇八年の金融危機の後処理によって各国政府が行なった金融緩和政策がこのバブル形成の一因になったのは明らかだ。すると戦犯は、いずれも二〇〇八年の金融危機でもっともダメージを受けた欧米諸国ということになる。

では、これらの地域は外して、前回ダメージをあまり受けなかったアジア諸国やオセアニア圏に逃げ込めばよいのか。実はこの考え方が一番危なく、まったく逆なのだ。

すでに述べたように、アジア圏の中国や香港はあり得ないレベルでバブルが形成されている。そして、オセアニア圏でもまったく同じ現象が起きているのだ。なまじ二〇〇八年での被害が少なかったために、前回のバブルが十分に調整されないまま今回の世界的なバブルを迎えたから、それこそ空前のバブルが形成されているのである。

では、オセアニア圏のどの分野でそれほどひどいバブルが発生しているのか。それは、もっとも危険な不動産の分野でバブルがパンパンに膨れ上がっているのだが、それを如実に表しているデータがある。〝家計債務〟という数字だ。

家計債務とは、簡単に言えば「個人が抱える借金」のことである。住宅ローンや車のローン、教育ローンなどいくつか種類はあるが、大半を占めるのはやはり額が他を圧倒する住宅ローンをはじめとした不動産に対するローンである。

つまり、家計債務が巨額に積みあがっている国は、よほど定常的に物価が高いか、または巨大な不動産バブルが発生しているかのどちらかと考えてまず間違いない。

オセアニア圏の場合は後者である。オーストラリアやニュージーランドはこの家計債務の比率がGDP比で他よりも高く、二〇一八年三月の数字でオーストラリアは一二二・二%で、これはスイスに次いで世界で二番目に高い数字な

世界の家計債務ランキング

（2018年3月）

	国　名	家計債務比率（GDP比 %）
1	スイス	128.3
2	オーストラリア	122.2
3	デンマーク	117.3
4	オランダ	104.3
5	ノルウェー	101.6
6	カナダ	99.4
7	韓国	95.2
8	ニュージーランド	92.2
9	スウェーデン	87.7
10	イギリス	86.1

TRADING ECONOMICSのデータを基に作成

のである。ニュージーランドはそれよりは低い九二・二％だが、これらは米国のサブプライム・バブル時の水準と同列かそれを上回る数字だから、オセアニア圏がどれほど危機的な状態かがわかるだろう。そして、同じ資源国グループとしてこの章で取り上げるカナダも、家計債務は九九・四％と高い水準である。

このように見ると、次のバブル崩壊は中国から始まるのか、オセアニア圏で始まるのか、はたまたカナダが引き金になるのか、ということになる。いずれにしても世界中がバブルで、今や金融は世界全体で繋がっているからちょっとしたきっかけでどこかのバブルが崩壊の兆しを見せればオーストラリア、ニュージーランド、カナダの不動産バブルは連鎖的にしかも急速に弾け飛び、他のどの国よりも深刻な状況に陥り、爪痕を深くまで残す可能性があるのだ。

オーストラリアで大人気!?　金利だけ払う住宅ローン

不動産バブルが絶頂期まで到達する時期は、おかしなローンが暗躍しだすことが多い。一昔前の米国の住宅バブルの時もそうだったが、オーストラリアでは今、「インタレスト・オンリー・ローン」（以下、ＩＯローン）と呼ばれる金利だけを支払う特殊な住宅（不動産）ローンが活発になっている。

「ＩＯローン」は、最初の数年間は住宅ローンの金利だけを負担して元本は返済しない。だから、元本返済を行なう通常のローンよりも返済額が少額ですみ、スタート時に取り組みやすい。しかし、問題は数年後である。それまで元本を返済してこなかった分、数年後は通常のローンよりも返済額が高くなるのだ。

それまで基準より低い額だったものが、数年後にいきなり基準よりも高くなるわけだから、その変化は大きい。数年後から収入がアップする人で、どうしてもすぐに家が欲しいという状況であれば、この「ＩＯローン」は合理的な選択である。ところが、実際にはそんな状況の人はそうはいない。

ではなぜ、「ＩＯローン」のような特殊なローンが登場するのであろうか。

「ＩＯローン」のニーズは、実は短期転売を狙う人にある。元々ローンの完済は念頭になく、できるだけ安くローンを借り、その資金で不動産価格の上昇による短期転売をもくろむわけだ。一見すると合理的なようであるが、ここに大きな落とし穴がある。それは、この理屈が不動産価格の上昇局面でしか成り立たないということだ。不動産価格が下がると、短期転売をすれば損が出るわけで、売るに売れない。そうこうしているうちに数年経つと、今まで少なかった「IOローン」の返済額が大きく増え、ローンの借り主を圧迫してしまうのである。だから、短期転売狙いで「IOローン」を組んだ場合、不動産価格が下がると目も当てられない悲惨な状況になる。

このような「IOローン」が、近年オーストラリアでは人気を博し、ピークの二〇一五年春には新規住宅ローンの実に四五％もが「IOローン」を組んだという。ちょうどその頃、オーストラリアの不動産は上昇の一途で、〝不動産は上がるもの〟という、まるで一九八〇年代の日本のような不動産神話がはびこっていたのである。不動産が上がるから買い、買ったらまた上がるという構造で、オーストラリアでは家計債務を積み上げて行ったのだ。完全にバブル経済末期の状態で、とても正気の沙汰とは考えられない。

オーストラリアの家計は黒字だが……

〝家計債務が大き過ぎる〟というと、家計が赤字で火の車のイメージを持つかもしれないが、オーストラリアはそれには当てはまらない。負債を見る時はその部分だけに注目するのではなく、資産の部分にも目を向けるべきだ。資産よりも負債が多い債務超過の状態が危ないのであって、資産が多い場合にはひとまず安心である。オーストラリアの実態は、家計の資産は負債よりも二倍以上大きく、ひとまず安心のように映る。

だが、果たして本当にそうなのか。実は、オーストラリアの家計は黒字ではあるが資産の構造が独特で、よく見るとまったく安心できないことがわかる。

よく日本の家計の資産（個人金融資産）は、「現金または預金」の比率が高く、欧米諸国は「現金または預金」の比率が少ないと言われている。オーストラリアの家計の資産は欧米諸国と同じく「現金または預金」の比率が少なく、二二・六％である。では、残りは何かというと「スーパーアニュエーション」と呼ばれるものに、なんと五八・二％と約六割もの比率で偏っているのだ。

この「スーパーアニュエーション」とは、オーストラリア独自の制度で強制加入の私的年金のことだ。日本でも一般に聞かれるようになった「ＤＣ」（確定拠出年金）と同じで、それを通じて株式・投信などへの投資を行なっている。ちなみにオーストラリアの年金は、国からの公的年金に加えてこの私的年金「スーパーアニュエーション」の二本立てになっている。

「スーパーアニュエーション」が家計の資産に占める割合が大きいと、何が問題なのか。それは、流動性が良くないことである。「スーパーアニュエーション」はあくまで老後のための年金だから、原則五五歳未満は引き出すことができなくなっている。だから老後は確かに安心かもしれないが、今何かが起きた時に流動性の問題が発生してしまうのだ。

オーストラリアの家計の資産は、この通り現金化しにくい固定資産の割合が極めて大きい状態である。オーストラリアの家計が、黒字ではあるものの安心できないといった理由をおわかり頂けただろう。

上がり続ける不動産価格、困るのは誰？

オセアニア圏を代表するオーストラリアとニュージーランドの不動産事情は、よく似ている。両国ともこの二〇年以上、不動産価格は明確な調整局面がないまま右肩上がりで上昇を続けている。ニュージーランドの不動産研究所「ＲＥＩＮＺ」が出している「NEW ZEALAND HOUSE PRICE INDICIES」を確認すると、一九九二〜二〇一七年までの二五年間でニュージーランドの不動産価格は、約六倍にもなっている。さすがに二〇〇七〜二〇〇九年にかけては少し下がっているが、それでも一〇％ちょっとのことで、その後またすぐ上昇しているのがわかる。

これだけ不動産価格が上昇している中、ニュージーランドではある異常事態が発生している。それは、ホームレスが急増していることだ。不動産価格があまりに高過ぎて持ち家を購入することなどとてもできず、それればかりか家賃の高騰により住居を失う人が増えているのである。

その数、なんと数万人規模である。日本のホームレスの数は六〇〇〇人規模(厚生労働省調べ)で、隠れホームレスを合わせるとその二~三倍ほどになるという。仮に、多い方の三倍として数は二万人規模。「なんだ、ニュージーランドも日本も同じぐらいの数だ」と思うことなかれ。人口がまったく異なる。日本の人口が一億二六八〇万人であるのに対して、ニュージーランドの人口は四八〇万人と約三〇分の一だ。

実は、ニュージーランドの人口の一%がホームレスという計算になり、この水準はOECD(経済協力開発機構)の加盟国三五ヵ国の中で最下位(最悪)なのである。日本の人口で考えてみた時、人口の一%というと一二六万人がホームレスとなるから、これがいかに異常な状態かがわかるだろう。

ニュージーランドの不動産価格推移

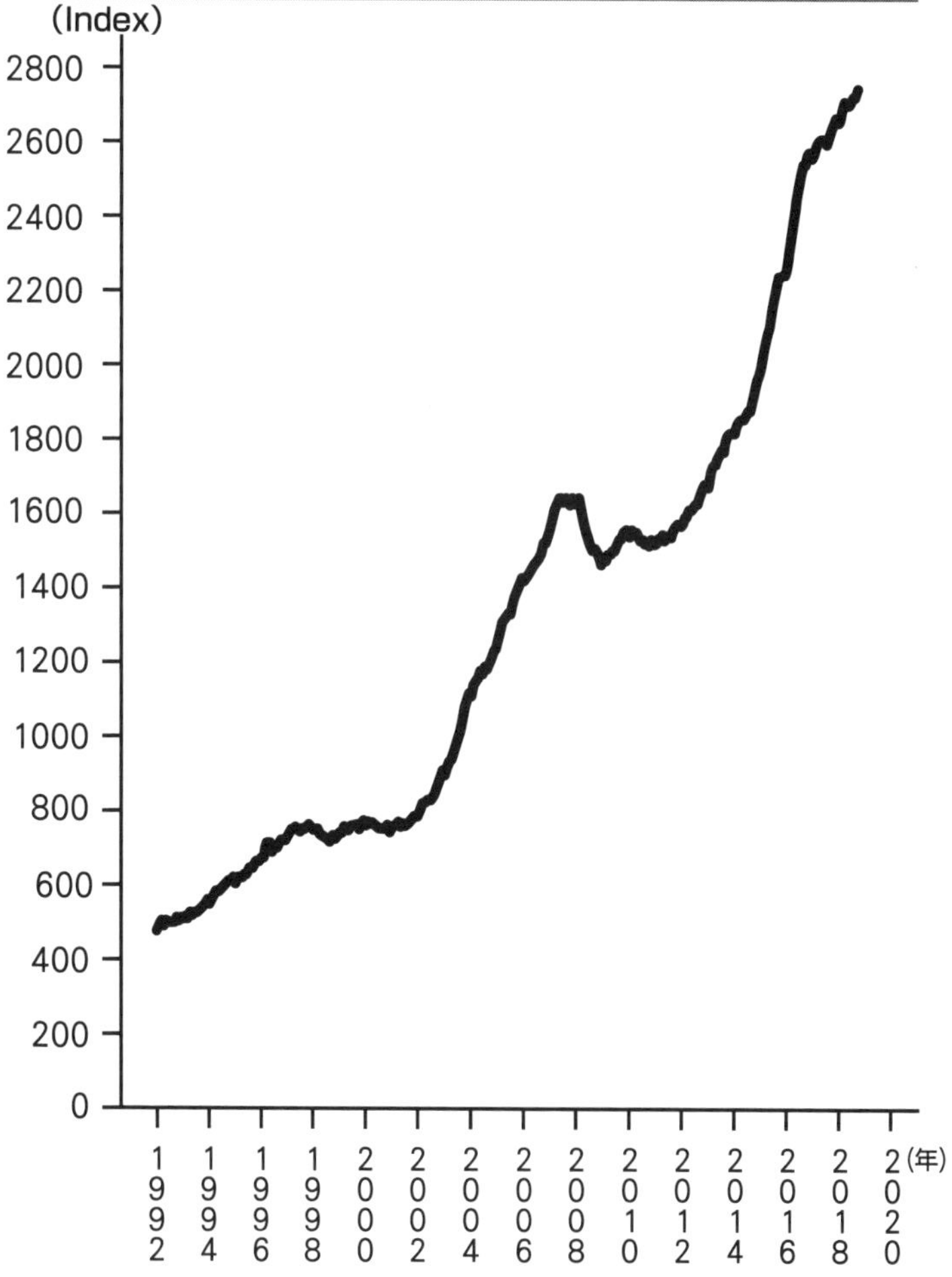

REINZのデータを基に作成

中国人が世界中のあらゆるものを〝爆買い〟

少し前になるが〝爆買い〟という言葉が話題になった。今はあまり聞かれなくなったが、二、三年前に中国の訪日観光客が高級品から日用品に至るまでありとあらゆるものを手当たり次第に買い占めた。日本製の炊飯器を一個ではなく二個も三個も抱えて空港の免税手続きをしている姿や、ドラッグストアでかごいっぱいに品物を詰めてレジに並ぶ姿が目立った。

これは、中国が急速に豊かになった証で、皆様の中にはこの姿に薄ら笑いを浮かべながら眺めていた方もいるかもしれないが、この姿を日本人は決して笑うことができない。

日本は、高度経済成長の過程で一九六四年以降、一般市民の海外旅行が自由化された。それによって、団体パッケージツアーが組まれ、日本人が大挙して海外へ出て行った。ハワイやサイパン、グアムなどが人気で、米国西海岸や香港、パリ、ロンドンにも多くの日本人が訪れた。そして、至るところでそれこそ〝爆買い〟を行なったのである。有名な話では、パリのルイヴィトンのシャンゼリゼ本店で今もある入場制限は、当時詰めかけた日本人の爆買いがことの発端だったという。

一九七〇年代、また八〇年代前半はまだ米ドルが二〇〇円、三〇〇円という時代だったのにも関わらず、高額の海外旅行がブームとなり、その旅行で爆買いが行なわれた。日本が急速に豊かになったためで、爆買いの恩恵を受けていたはずのお店では、日本人を歓迎しながらもどこか侮蔑していた向きがある。それが証拠に、ルイヴィトンのシャンゼリゼ本店では日本人買い物客を冷遇していたという。爆買いしている中国人を笑うことができないのは、当時日本人がまったく同じことを行なっていたためだ。

さて、ありとあらゆるものを爆買いしていた中国人であるが、まるで化粧品を買い漁るように不動産も世界中の至るところで買い漁っていたのだ。ここで二〇一七年、中国本土から海外の居住用不動産購入の問い合わせが多かった国トップ一〇を掲載しておくと、一位は米国で以下②オーストラリア、③タイ、④カナダ、⑤英国、⑥ニュージーランド、⑦ドイツ、⑧日本、⑨ベトナム、⑩マレーシアとなり、中国人投資家が世界中に関心を向けていることがわかる。そして、これは関心だけに留まらず、実際に購入するところにまで発展していたわけで、日本でも北海道の土地などを中国人投資家が買い漁るニュースが報じられている。

購入金額は年々上昇しており、中国の海外不動産投資は二〇一〇年に五〇億ドルだったのが二〇一七年には一〇〇〇億ドル超と、この七年間で二〇倍にもなっているのである。この中で、オーストラリアやニュージーランド、カナダ、香港などはお手頃感があるということで、中国人の人気が高い。

もう、おわかりだろう。現在世界全体で不動産バブルが発生しているのも、オーストラリアやニュージーランドの不動産価格が上がり続けているのも、ニュージーランドで不動産が高過ぎてホームレスが急増しているのも、すべて中国人による不動産の〝爆買い〟が大きな要因になっているのである。

中国の海外不動産投資額の推移

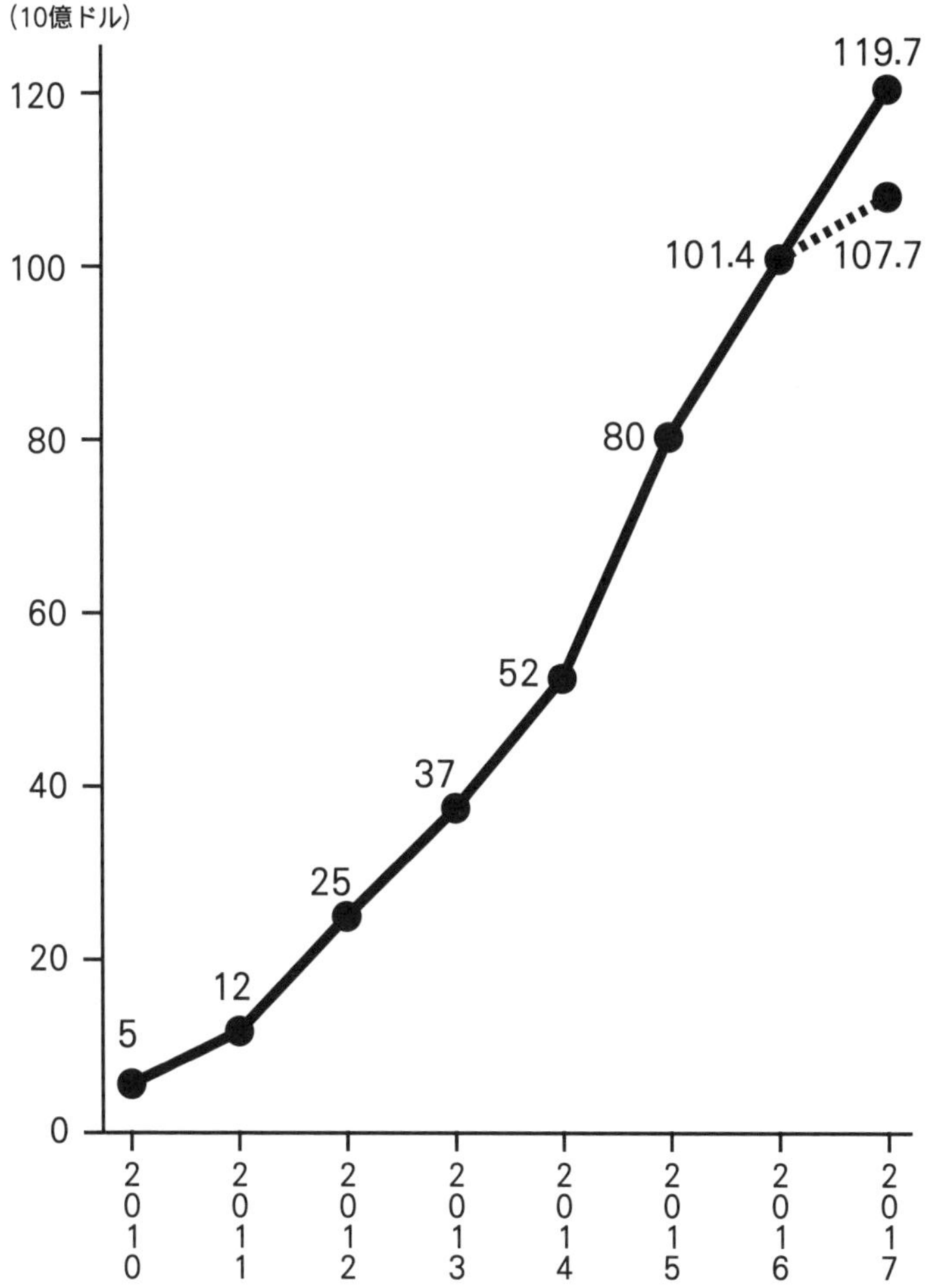

JUWAI.COMのデータを基に作成

外国人よ、出て行け！

ドイツの鬼才アーティストで映画監督の故クリストフ・シュリンゲンジーフ氏が「外国人よ、出ていけ！」という過激なタイトルで映画を作っているが、今や世界中がこのような「自国優先主義」の風潮を少なからず帯びている。世界トップの大国である米国が、トランプ政権の掲げる「アメリカファースト」の道を歩む中、他の国でも第二、第三のトランプ氏が登場しつつある。

最近話題となった「ブラジルのトランプ」と呼ばれる極右のジャイル・ボルソナロ氏は、一〇月に行なわれた大統領選挙で勝利し、二〇一九年一月よりブラジル大統領に就任する。すでに二〇一六年六月より大統領に就任しているロドリゴ・ドゥテルテ氏は、「フィリピンのトランプ氏」と呼ばれている。

どちらも一癖も二癖もある人物で、世界協調よりも自国を優先するのは明らかだ。また、二〇一六年六月に行なった国民投票によって英国はＥＵ離脱を決め、このまま行けば二〇一九年三月には実際に離脱への道を進む。フラット化する世界から、また障壁のある世界に変わろうとしているのか。いずれにしても今起きていることは、各国手を取り合ってというより自国の利益を優先しながら各国が独自の道を進んでいるように見受けられる。

このような「自国優先主義」がほとんど聞かれないオーストラリアやニュージーランドも、こと不動産に関しては様相が異なる。不動産価格の上昇による弊害が出始めたことにより、その要因を断つよう外国人の不動産購入について厳しい規制をかけ始めた。二〇一八年八月一五日、ニュージーランド議会で非居住者による中古物件の購入を禁止する法案が可決された。同法は、一〇月二二日よりすでに実行されている。

この法案が可決され実施された流れは、昨年九月のニュージーランドで行なわれた総選挙に遡る。総選挙では、国民が住宅を購入できるようにすると訴えた労働党が見事勝利し、政権交代を果たしている。その労働党の党首であるアーダーン首相は、就任直後の二〇一七年一〇月三一日の記者会見で、外国人による中古物件購入を禁止すると発表した。また同時に「来年の早い時期から外国の投機家がNZで住宅を買うことはできなくなる」「国民が家を買えるようにする決意であり、外国人の投機家が住宅を購入し、価格を押し上げることをやめさせる」（ブルームバーグ二〇一七年一〇月三一日付）と明言している。

中古物件の購入に対して規制をかけているのは、ニュージーランドだけではない。オーストラリアではそれよりも前から規制を強化しており、非居住者が中古物件を購入するのはすでに困難となっている。また、オーストラリアやニュージーランドは中古物件だけでなく、新築物件についても新たな規制をかけ始めている。

政府が国民のための政策を打つのは当然のことではあるが、今回の不動産規制が本当にその国の利益につながるのかどうかはまだわからない。ニュージーランドの不動産価格はまだ下がっていないが、先んじて規制をかけたオーストラリアでは不動産価格が少し下げ始めている。元々高過ぎる不動産価格を下げるために行なった規制なので、現状では成功していると言える、しかし、難しいのはここからである。

火の手が上がれば、「軟着陸できる」は怪しい

パンパンに膨らんだバブルが逆回転し始めた時、それをちょうど良い状態でストップすることが果たしてできるのだろうか。結論から申し上げると、おそらくできないだろう。これは歴史が証明しているが、この話は後の第五章でじっくりすることにしよう。

ただ、オーストラリアやニュージーランド、さらにカナダでは、いろいろな手を打ちながら国民が納得するレベルの不動産価格になるよう軟着陸を狙っている。先にご紹介したオーストラリアで暗躍している「ＩＯローン」というおかしなローンについても、オーストラリアの金融庁にあたる豪州健全性規制庁（ＡＰＲＡ）が警戒し、すでに動き始めている。

ＡＰＲＡは二〇一七年に入ってすぐ「ＩＯローン」に対して貸出基準の厳

格化を行なっている。また貸し出しを行なう銀行に対して金利指導を行ない、月々の返済額が今では通常ローンよりも「ＩＯローン」の方がむしろ高くなるように銀行が設定するようになってきた。こうなると「ＩＯローン」の魅力はなくなったと言える。返済額は通常ローンよりも高く、借金の元本は減らない。「誰がこんなもの借りるか！」である。これにより、二〇一五年春のピーク時に新規住宅ローンの約四五％を占めた「ＩＯローン」は、最近では新規の比率は約一五％にまで急落している。

では「ＩＯローン」の問題は解決したかと言えば、そうではない。実は、これまでの大半の「ＩＯローン」は金利優遇時期が二〇一八～二〇二一年に終了し、その後に返済額が急増する。つまり、「ＩＯローン」による正念場はこれからなのだ。ロイターの報道によると、この期間で毎年一二〇〇億豪ドル規模の「ＩＯローン」が金利優遇期間の終了を迎えるという。この目前に迫る「ＩＯローン」のリスクに対して、オーストラリアの中央銀行であるオーストラリア準備銀行（ＲＢＡ）は、返済額が増加した後も十分に返済可能としている。

だが、「ＲＢＡ」の楽観的な見通しを真に受けて一安心するのは甘い。中央銀行は上手く景気を調整し、バブルが過熱し過ぎないようコントロールするのが仕事だから、できないと言うはずがないのだ。料理人が決して、「私の料理はまずいよ」と言わないのと同じなのだ。

私たちは忘れてはいけない。二〇〇八年の金融危機が起こる前、ＦＲＢは米国のサブプライムローン問題に対して自信たっぷりに、「軟着陸ができる」と考えていたのだ。いずれにしても今後、「ＡＰＲＡ」と「ＲＢＡ」が協力しながらオーストラリアの不動産バブル問題を軟着陸させることが本当にできるのか、お手並み拝見である。

「資源国だから大丈夫」は通用しない

家計債務が大きく不動産バブルが問題となっているオーストラリアやニュージーランド、カナダは、いずれも〝資源国〟と呼ばれる。オーストラリアはありとあらゆる天然資源に恵まれ、ニュージーランドは農産物で有名である。カナダは畜産物や木材、またはオイルサンドなどが豊富である。いずれの国も豊かな自然が特徴的で、食料自給率は一〇〇%を優に超えている。

このような豊かなオーストラリアやニュージーランド、カナダにおいて、不動産バブルが崩壊したからといって経済全体が困窮するのであろうか——答えは〝YES〟である。いくら豊富な資源を持つ国であろうが、経済危機が起これば、それに巻き込まれてどん底まで落ちてしまう可能性がある。現在、出口が見えない混乱が続くベネズエラがその実例である。

ベネズエラは自然豊かな国で、原油の埋蔵量はサウジアラビアを抑えて世界一と言われ、その量は約三〇〇〇億バレルもある。その圧倒的な量から、一九八〇年代まで南米でもっとも裕福な国の一つであった。しかし、原油価格の下落や政権運営の失策から経済は混乱に陥った。こうなると、大切な資源である原油は人手不足や資金不足で十分に掘ることができず、混乱はますます悪化した。特に二〇一三年以降はハイパーインフレが蔓延し、今年二〇一八年のインフレ率は年内に一〇〇万%になると予想されている。これは、物価が一万倍になることで、これまで一〇〇円で売られていたものが一年後に一〇〇万円で売られることになる。

豊かな資源を持っていても経済が困窮した国は他にもある。同じく、ハイパーインフレが起きたジンバブエもそうである。ジンバブエは元々「アフリカの穀物倉庫」と呼ばれるほど豊かな国であった。しかし、二〇〇〇年に政府が黒人の手に土地を取り戻す方針から白人を無理に追い出したことで、白人が持っていた農業技術が引き継がれず、しかもこの出来事で世界中の国から信用をなくし、経済は悪化を辿った。インフレのピーク時には数億%という、もはや冗談のようなインフレ率が飛び出し、お札も一〇〇兆ジンバブエドルが刷られる始末であった。

資源国は、経済が順調な時にはそれなりに豊かなため、どうしても危機感がない。国民も「いざとなれば資源を売れば生活ぐらいできるだろう」程度に考えているのではないか。とんでもない話である。危機感がなくのんびりしている分、かえって気付いた時にはすでに手遅れになっている可能性が高い。オーストラリアやニュージーランド、カナダも今になって手を打ち始めているわけだが、これほどまでになるまでのんびりバブルを放置した分、〝時すでに遅し〟で手遅れになっている可能性が高い。

三ヵ国は〝失われた時代〟を経験する

この章の最後にこれまで取り上げてきた三ヵ国の共通点をもう一つお伝えしておこう。それは、オーストラリア、ニュージーランド、カナダとも、いわゆる国の借金である政府債務がそれほど致命的な水準ではないことだ。GDP比で米国の一〇六・一%を基準にした時、カナダはそれよりも低い八七・三%である。オセアニア圏に至っては、オーストラリアは四〇・五%、ニュージーランドは三〇・四%と極めて財政が健全な状態である。

しかし、このような財政が比較的良好な国が、バブル崩壊と共に失われた二〇年を経験し、今や借金まみれのどうしようもない状態になり果てた国の姿を皆様はすでに目の当たりにしている。そう、日本のことである。

日本は今や、ＧＤＰ比で二三八・二％もの政府債務があり、先進国中最悪の水準にまでなっている。あまりに債務が多過ぎて、実行可能な財政政策や金融政策はほとんどなく、解決策を見出すこともできない。まさに〝死に体〟の状態である。このような日本の状況に、今後これら三ヵ国は陥ってしまうかもしれないのである。

目先のバブルが弾けて他のどの国よりも厳しい状況に陥りそうなオーストラリア、ニュージーランド、カナダの三ヵ国であるが、その後の将来も決して明るいとは言えない。日本が進んだ道を遅れて進むのであれば、それは長期低迷という名の道である。不動産狂騒曲が終演すれば、見るも無残な〝宴のあと〟が残るだけである。

第四章

全世界がカネ余りでジャブジャブ
その影響は邦銀にも……

悲観主義者はあらゆる機会の中に問題を見出す。
楽観主義者はあらゆる問題の中に機会を見出す。

（ウィンストン・チャーチル）

マネーの洪水

「世界的規模で実施された中央銀行による量的緩和政策は、結果として世界的なキャッシュの洪水をもたらし、キャッシュ対ＧＤＰの比率は、これまで人類史上経験したことのない一一〇％にまで膨れ上がってしまった」（ＣＮＮビジネス二〇一八年四月二五日付）――かねてから世界経済の先行きを悲観視してきたヘイマン・キャピタル・マネジメントのカイル・バスは世界の〝カネ余り〟についてこう話す。

世界銀行の統計を基に日本経済新聞（二〇一七年一一月一四日付）が算出した二〇一六年末の世界の通貨供給量は八七・九兆ドル。日本円にしておよそ一京円、世界のＧＤＰ（国内総生産）との比率は一一六％だ。「〇〇年代半ばまでの半世紀、マネーの増加は実体経済の成長とほぼ軌を一にしてきた。それが〇九年以降はマネーがＧＤＰを大きく上回るようになった。乖離（かいり）は年々鮮明になっている」（同前）。文字通り、マネーの洪水だ。通貨供給量が世界のＧＤＰを上回るというのは、極めて深刻なカネ余りが常態化していることを意味する。

しかし、先進国では多くの人がカネ余りを実感していない。リーマン・ショック以降、多くの先進国で中間層の没落が叫ばれ、彼らは将来への不安から消費を控えている。他方、一部の富裕層は溢れたマネーをリスク資産に投じ、世界的な資産インフレに火を点けた。格差は開く一方であり、それが先進国では政治的な亀裂と動揺として表面化している。

新興国でもカネ余りの影響は深刻だ。先進国で溢れたマネーが新興国の株式や不動産に流入しており、局地的にフロスが発生している。海外からの投資によって不動産価格が高止まりし、現地の人が不満を募らせているケースも少なくない。当局は、カネ余りに起因した資本流入に頭を悩ませている。

より正確を期すと、以上の説明は国によってはすべて過去形で表現されるべきだ。現在、ドル高による巻き戻しで一部の新興国は資本流出に頭を悩ませて

マネーの量はGDPとほぼ同じだったが…

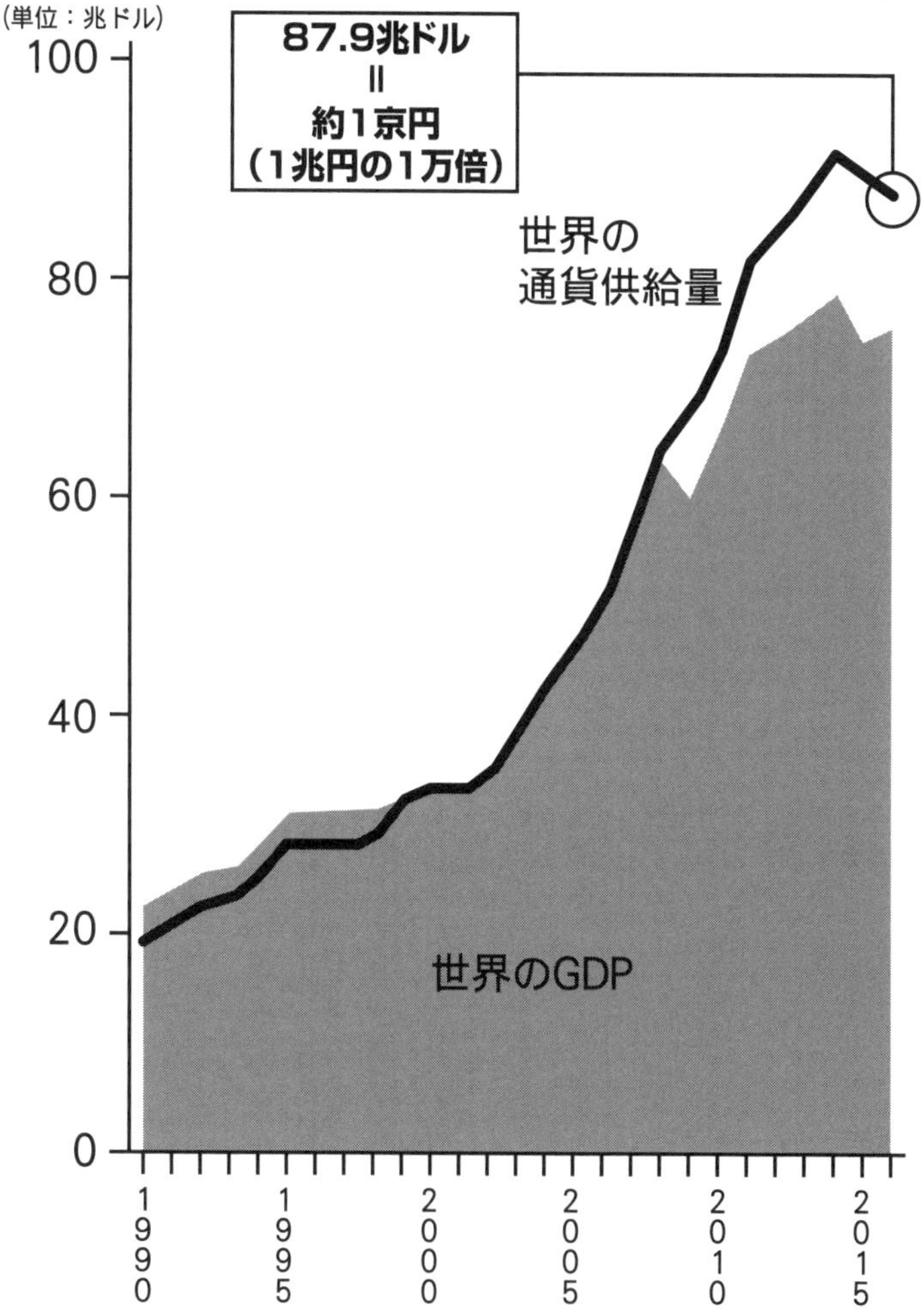

世界銀行の統計を基に作成

いる。そう、良くも悪くも壮大なカネ余りが新興国を翻弄しているのだ。

さて、地域や国によって詳細な事情は異なるが、現在の世界的なカネ余り状況をひと言で表すとこうなるだろう――「溢れたマネーは実体経済には回らず、そのほとんどが金融市場を延々と廻っている」。ジャブジャブに溢れたマネーが株式や不動産、美術品といったリスク資産市場に怒涛のごとく流れ込んできたことは、前章までで述べた通りだ。

とりわけ私が危惧しているのが、香港、中国本土、オセアニア圏の不動産だということもわかっていただけたことだろう。

これらの地域では、資産市場が沸騰している反面、債務もうなぎのぼりの上昇を示してきた点も前章までで述べた。過去の金融危機を見返すと、危機の直前まで民間セクターの債務が急増しているという共通点が見出せる。

その点で、もう一つのリスクを指摘しておきたい。それは、米国や中国などでリーマン・ショック以降に発行が急増している〝社債〟だ。

〝社債バブル破綻〟に賭ける男

八九ページのチャートを見ると、私はぞっとする。これは米国企業の格付け別に見た社債発行規模なのだが、先の金融危機以降二倍以上に膨れ上がった。膨れ上がった発行規模そのものも大いに問題だが、より危惧すべきトレンドがある。それは、ぎりぎりで投資適格を保っているトリプルBの債券だけで、先のピーク時における全格付けの社債発行規模と同水準に発行されている点だ。その額、二〇一八年八月末時点で三・一五兆ドル。

これらの債券は、一つ格下げされるだけで晴れてジャンク（投資不適格級）扱いとなる。ちなみに、現在の米国ではトリプルBの社債が全社債に発行に占める割合は四〇％だが、欧州ではこの比率がさらに高い。

では、格付けがジャンクに下げられたら直ちに投売りに発展するのであろうか？　二〇一八年九月二一日付の米ウォール・ストリート・ジャーナルは次のように安心材料と懸念を解説している――「朗報は、二〇〇八年の資金ひっ迫後、多くの債券ファンドマネージャーが自主ルールを変更し、それまでベンチマークに入っていなかった債券の少なくとも一部の保有を容認していることだ。彼らは直ちに格下げ債券を投げ売りすることはないだろう。しかし、市場の構造変化から生じる恐れのある格下げ債の膨大な規模に彼らが対応できるかどうかは不透明だ」。

景気の見通しが急激に悪化したり、金利が急速に上昇すれば、世界中で発行が急増してきたトリプルBの社債が、一斉に格下げする事態もあり得る。

米バロンズ誌（二〇一八年八月二一日付）のトリプルB債に関する次の指摘は重い――「火種はどこにあるか？　次の景気後退の到来だろう。一〇年近くも景気拡大が続き、過去最高のM&A（合併・買収）活動が行われてきたため、景気後退はまだまだ先とは主張し難い。そうなれば信用格付けは引き下げられ、トリプルB格債は売り込まれる可能性があり、多くはジャンク債に転落する。ジャンク債市場は新たなジャンク債の発生を受けて吸収しきれず、価格が暴落

格付別に見た米国企業の社債発行規模

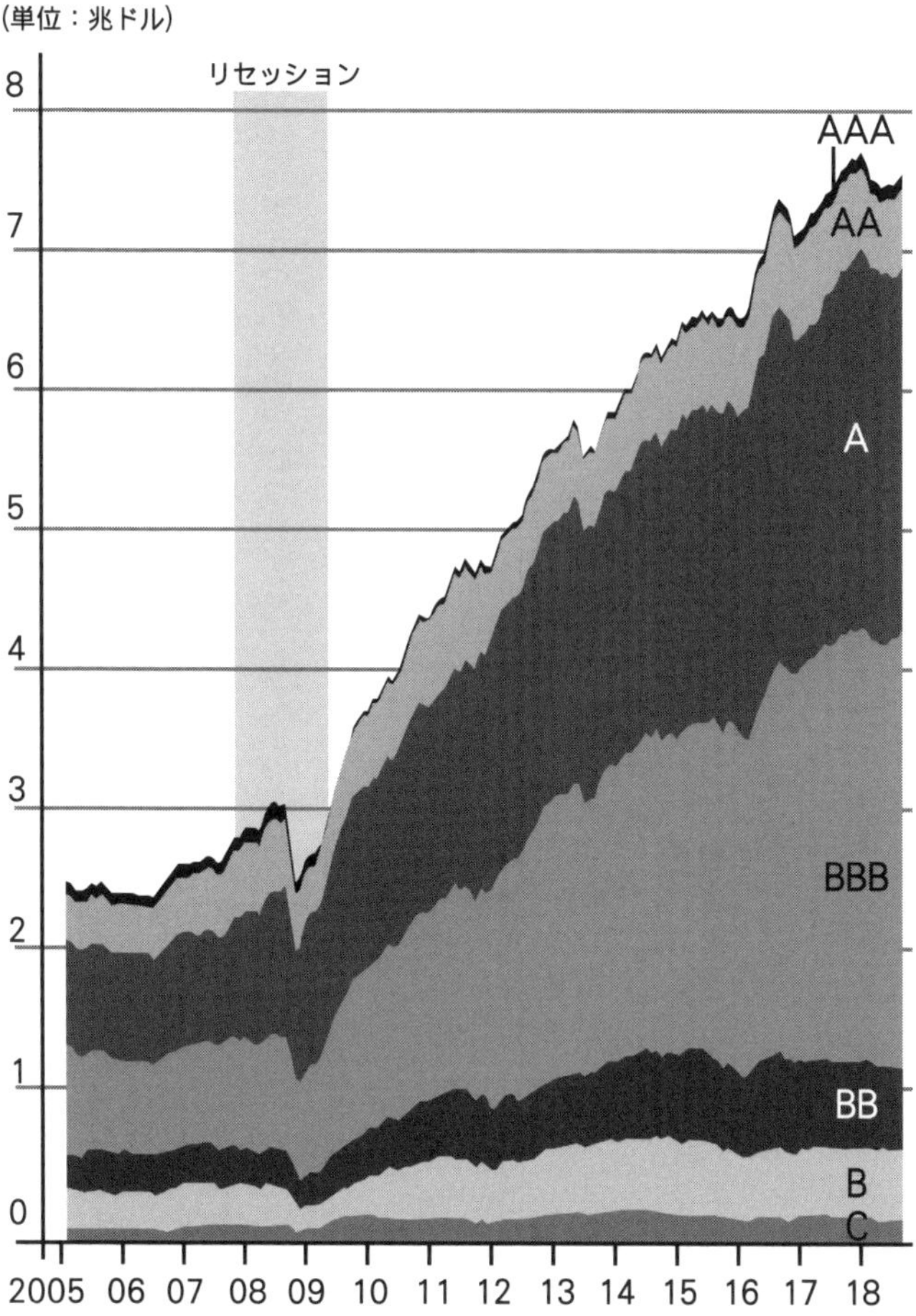

ウォール・ストリート・ジャーナルのデータを基に作成

する可能性がある」。

さらに気を付けておきたい点は、米国の企業がこの一〇年間で社債を発行し、自社株買いをしてきたことだ。「米主要企業による自社株買いは過去一〇年で五兆ドル前後に上る」（日本経済新聞二〇一八年四月二四日付）が、その原資の大半は社債の発行によって賄われている。昨今の株高は、社債の発行に裏付けられている面もあるというわけだ。

また、社債も対象となっている債券型ＥＴＦ（上場投資信託）の動向にも注意を払いたい。リーマン・ショック以降、一貫した金利の低下（債券価格の上昇）を背景に債券型ＥＴＦの人気が急上昇。米国では過去一〇年で二一倍もの伸びを示し、発行が急増してきた社債の受け皿となってきた。

その債券型ＥＴＦ市場が近い将来、崩壊すると断言する人物がいる。それは、アダム・シュワルツという三九歳の投資家だ。彼は米ヘッジファンド、ファー・ツリー・パートナーに勤めていたが、債券型ＥＴＦ市場の完全なる崩壊を確信したとのことで、自らヘッジファンドを起こして弱気のオプションを積み上げている。二〇一八年一一月六日付の米ブルームバーグが詳しく報じている。

記事によると、シュワルツ氏は金利上昇が高レバレッジ企業の資金繰りを行き詰まらせ、デフォルトが相次ぐ事態に陥るのは時間の問題だと見ており、運用資金の大半が自己資金なので顧客を気にせず極端なシナリオに賭けているという。「ETFの構造は実際、大規模な売り浴びせに対応できるようには設計されていない」「現在のような流動性が保たれると投資家が考えなくなれば、ETFは崩壊する」とシュワルツ氏は断言した。

なかなか面白い人物がいたものである。市場の崩壊などという極端なシナリオが実現する可能性は常に低いが、それでも時折、実現してしまうのがこの世の中だ。

事実、「売りたいのに、売れない」「簡単に売れると思っていたのに、売れない」という事態がリーマン・ショックの際には現実のものとなったのである。その舞台は、社債市場であった。危機の直前まで社債市場は取引が容易であったが、ディーラーが一斉に社債を売り払った結果、流動性が枯渇。取引が停止し、ジャンク債の利回りは二三％まで飛び跳ねた。

リーマン・ショックは、数々の〝天才〟を産んだことでも知られる。ごく少数の投資家は、住宅バブルに踊っていた米国経済の破綻を見抜いた。そして、莫大なリターンを手にした者もいる。数年後、前述のシュワルツ氏もそんな天才の仲間入りをしているかもしれない。少なくとも近年の深刻なカネ余りは、そうした極端なシナリオが起こり得る可能性を高めている。

邦銀の対外与信残高三兆八三三四億ドルの衝撃

「金融緩和の副作用という形で金融機関の過度なリスクテイクが起きているのは疑いようがない」（米ブルームバーグ二〇一八年五月二八日付）――前日銀審議委員で現在は野村総合研究所のエグゼクティブ・エコノミストを務める木内登英氏は、こう断言する。

二〇一八年九月一五日、三兆八三三四億ドルという数字が金融関係者に衝撃をもたらした。この数字は、日銀が国際決済銀行（ＢＩＳ）の集計を基に発表した、邦銀の対外与信残高（二〇一八年六月末時点）である。「そんなに海外に貸していたの？」と思う人も少なくないはずだ。無理もない。邦銀が海外進出を本格化させたのはリーマン・ショック以降で、海外与信残高が急増したのはこの一〇年間の話だ。日本経済新聞（二〇一八年一一月五日付）によると、今やメガバンク業務粗利益の三～四割が海外からのものだという。

ＢＩＳの国際与信統計（二〇一八年六月末時点）によれば、日本の対外与信残高は、国別でトップだ。二〇一〇年から、およそ二倍に増えている。

これは日本に限ったことではないが、多くの先進国では個人と企業の資金需要が低下しており、公的セクターしか借り手がいない状況が続いている。それゆえ、前項で述べたように危なっかしい債券や決して優良とは言えない企業への貸し付けが横行している。まさに、カネ余りの弊害だ。

その中でも厳しい状況に追いやられているのが、邦銀である。その理由は、ご存じの通り十数年前から延々と続く低金利環境だ。

ＩＭＦ（国際通貨基金）は二〇一七年一〇月一一日に発表した「国際金融安定性報告書」の中で、ＩＭＦとしては珍しく名指しで、世界の主要銀行のうち九行が今後数年で十分な利益を確保しづらくなると指摘している。

その九行は、以下の通り――ドイツ銀行、米シティ・グループ、英バークレイズ、英スタンダート・チャータード、仏ソシエテ・ジェネラル、伊ウニクレディト・グループ、三井住友フィナンシャル・グループ、みずほフィナンシャル・グループ、三菱ＵＦＪフィナンシャル・グループである。

ＩＭＦは、日本の金融機関については低金利環境で高い利益を実現するのが特に難しいとコメントしている。「国内が厳しいから海外だ」、というのが昨今の邦銀を取り巻く情勢である。いうなれば、やむを得ない海外進出なのだ。日本経済新聞（二〇一八年九月一八日付）も次のように指摘している――「この一〇年で邦銀が海外に活路を求めてきた背景には日本経済の停滞がある。低インフレから抜け切れず、マイナス金利政策など異次元の金融緩和が延々と続き、金融機関の経営を圧迫する。いわば必要に迫られたグローバル化だ」。

銀行の国際与信総額　邦銀の与信がもっとも多い

（単位：兆ドル）

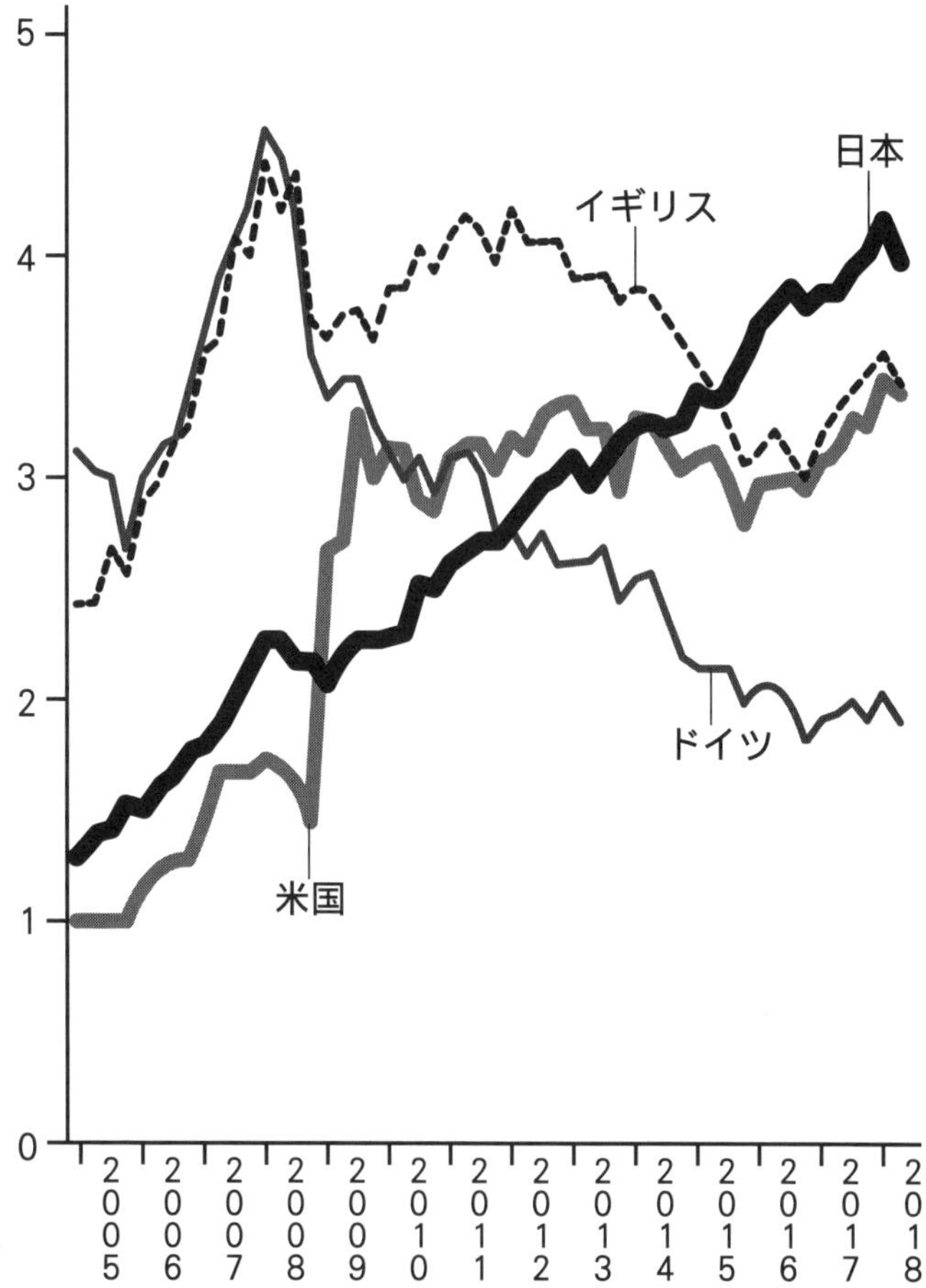

BIS（国際決済銀行）国際与信統計のデータを基に作成

メガバンクの窮状は、各メディアで報じられているので耳にしている人も多いと思う。しかし、より窮地に立たされているのが地銀だ。二〇一七年度の決算では、地域銀行一〇六行中五四行で本業（貸し出しや手数料ビジネス）による利益が赤字。そのうち二三行が五期以上の連続赤字であった。

前日銀理事の宮野谷篤氏は、米ブルームバーグ（二〇一八年一〇月三〇日付）のインタビューで、「長期化する低金利環境下で一段の経営努力がなければ、今後赤字に陥る地域金融機関が増え、抜け出せなくなる時期が遠からず訪れる」と予想。金融システムが、「新しいタイプのリスクの世界に入っていく」（同前）と不穏な言葉を残した。「地銀を取り巻く環境は日に日に悪化している」と言え、それゆえ無理な貸し付けなども起こっている。最近ではスルガ銀行の件が取り沙汰されたが、それは後の六章で詳しく触れたい。

海外クレジット投資に潜むリスク

邦銀に預金している人なら少しぞっとするような話をしよう。それは、邦銀による海外クレジット投資だ。先ほど邦銀の対外与信残高の話をしたが、実はその中にはかなり危なっかしい案件（すなわち、現状では問題ないが世界的に景気が悪化した際は大きな損失を計上し得る商品）も散見される。

日銀の金融システムレポートによると、国内金融機関（有効回答先）の海外クレジット投資残高は、二〇一八年六月末時点で六七五〇億ドル（約七六兆円）。二〇一七年末時点の六六一七億ドル（約七三兆円）からわずか半年で三兆円も増えた（為替は時価で計算）。このクレジット投資の中には、ハイ・イールド（高利回り）債やローン担保証券（ＣＬＯ）などが含まれている。

ハイ・イールド債とは、前項で述べたジャンク債のことだ。この低金利の時代に高利回りのハイ・イールド債は各国の投資家から選好され、発行規模が過去一〇年で急増している。そうした流れに邦銀も乗ってきたということだ。当然、次の景気後退期には真っ先に売り浴びせられるであろう資産クラスである。

ローン担保証券（CLO）の性格も危うい。CLOとは資産担保証券の一種で、金融機関が事業会社などに貸し出している貸出債権（ローン）を証券化したものでローンの元金利を担保にして発行される債券を指す。債権の証券化と聞くと、先のサブプライム・バブルを思い出す人も少なくないはずだ。CLOの構図は、ローンの借り手が住宅の購入者から事業会社に変わっただけで先の危機の元凶となったMBS（住宅ローン担保証券）と何ら変わらない。

すなわち、証券の安全性を勘案すれば資金の借り手の優良度が問われるが、近年は邦銀のようなイールド・ハンター（高利回りを狙う機関投資家）が急増していることから、格付けの低いトランシェ（区分）の需要が増加してきた。現状では、CLOの新規発行分の三割以上をB格付けのトランシェが占める。まさに、異常事態だ。

とりわけ体力の細っている地銀のクレジット投資に懸念が募る。S&Pグローバル・レーティングの主席アナリストである吉澤亮二氏は、「収益が落ちている中で、どうしても収益を取りに行きたいのは分かる」（ブルームバーグ二〇一八年五月二八日付）と邦銀の海外投資に一定の理解を示しつつ、体力面で大手行に劣る地銀にとっての「有価証券投資はとんでもないリスクだ」（同前）と警戒感をあらわにした。

マネックス証券の執行役員である大槻奈那氏も同様の意見を持つ。同氏は、「邦銀が次の金融危機の引き金を引くのか」（東洋経済オンライン二〇一八年一一月一二日付）と衝撃的なタイトルの論説で、一連の海外クレジット投資のリスクを「邦銀はどこまで管理できているのだろうか」と疑問を呈し、その上で、「地域銀行の場合、海外拠点も少ないので、メガバンクなどから融資債権を購入することが多い。メガバンクもこうした債権の売却拡大を目標の一つに掲げており、たとえば最大手のMUFG（三菱UFJフィナンシャル・グループ）の中計では、これらでグローバルCIB（投資銀行）ビジネスの増益額の約五割を稼ぎ出すとされている。メガバンクにとっては大きな好機だろうが、地域銀行などの買う側がどこまでその中身をわかっているのかは疑問である。地域銀行の場合、メガバンクの審査が通っているから、という理由で購入している可能性もある。メガは最初から売る目的で仕入れているかもしれないので、その審査を盲信してはならない」（東洋経済オンライン二〇一八年一一月一二日付）と苦言を呈した。

異常とも言える低金利の長期化がもたらした、邦銀の対外与信残高三兆八三三四億ドルの衝撃には、最終的にどのような結末が待っているのだろうか。キプロスのバンク・ホリデー（銀行休業）の例もある。私たちも、邦銀の動向から目を逸らしてはいけない。

第五章　バブルは必ず崩壊する!!
──一九八五～一九九八年の日本

天井知らずで上がり続けるものなど存在しません。

（ジム・ロジャーズ）

世界は、バブル発生と崩壊を繰り返してきた

これまで世界は幾度となくバブルの発生と崩壊を繰り返してきた。その度に金融市場は大混乱に陥り、景気の低迷を招いた。一七世紀のオランダのチューリップバブル、一八世紀の英国の南海バブル事件などバブルの歴史は長い。最近でも今世紀に米国で住宅バブルが発生し、二〇〇八年にリーマン・ショックを引き起こした。

過去、世界では様々なものが投機の対象になり、バブルを発生させた。投機の対象が異なることもあり、バブルの発生から崩壊に至るまでのプロセスはすべてのバブルで異なり、一つとして同じパターンは存在しない。そのため、歴史の教訓から学ぶことは決して容易ではなく、世界中の多くの人々が性懲りもなくバブルの渦に呑み込まれて行く。

しかし、バブル相場で利益を上げながらもバブル崩壊を察知し、見事なタイ

ミングで売り逃げる人も少数ながら存在する。彼らには、優れた直感や独自の嗅覚があるのかもしれない。では、そのような特殊な能力のないごく普通の人間にはバブル崩壊を察知し、それを回避することはできないのだろうか？　もちろん、超能力者でもない限り、バブル崩壊の時期を正確に予測し続けることは不可能だ。しかし、バブルであることを見極め、その崩壊の大まかな時期について予測することは十分に可能だ。

確かにまったく同じパターンのバブルは存在しないが、多くのバブルにはいくつかの共通項がある。バブル崩壊を予測するには、それらの共通項を見定めることがポイントになる。

バブルはなぜ発生するのか？

バブルとは、ひと言で言えば資産価格の異常な高騰だ。株や不動産などの資産価格が、ファンダメンタルズ（経済の基礎的条件）を反映した妥当と考えられる価格から大きく乖離する。資産価格の高騰が続くと、資産効果（資産価格の上昇により、保有資産の評価額が増加し、消費や投資が活発になること）により消費や投資が活発になり、景気が過熱する。

では、なぜ資産価格の異常な高騰が起きるのか？　その大きな要因として、不況に対して実施される対策がある。つまり、中央銀行による金融政策や政府による財政政策である。不況になれば、中央銀行は利下げなどの金融緩和を行ない、政府は減税したり財政支出を増やすことで景気を下支えする。極めて真っ当な政策だ。やがて景気が回復し、過熱を帯びてくると、今度は中央銀行は利上げなどで金融を引き締め、政府は財政支出を減らし、場合によっては増税を行なう。適切な金融政策と財政政策を行なうことで、深刻な景気後退や極端な景気の過熱を避け、景気循環の波をより小さく緩やかなものにするわけだ。

しかし、「適切な金融政策と財政政策」と言うのは簡単だが、実際にそれを行なうのは案外難しいものだ。金融緩和や金融引き締めの時期や程度によっては、景気を腰折れさせたり、景気を過熱させてしまう。そして、金融緩和が早過ぎたり過大であった場合や、金融引き締めが遅れたり不十分であった場合にバブルを誘発する。つまり、過度な金融緩和が長期にわたって行なわれることがバブル発生の大きな要因だ。

では、なぜ金融緩和は行き過ぎてしまうのか？　その理由としては、金融緩和による景気浮揚効果が十分に得られないことが大きい。近年は特にその傾向が顕著だ。二〇一三年一一月、ＩＭＦ（国際通貨基金）の会合で米元財務長官、ローレンス・サマーズ氏が「長期停滞論」を唱え注目を集めた。

「長期停滞論」とは、文字通り低い経済成長が長期にわたって続くことを示す。元々一九三〇年代にハンセン・ハーバード大学教授が世界恐慌からの米国経済の回復の鈍さを指して唱えたものだが、サマーズ氏により再び注目を集めることとなった。二〇〇八年の金融危機以降、ＦＲＢ（米連邦準備制度理事会）が空前規模の金融緩和を行なったにも関わらず米国の景気回復が緩慢であったのは、潜在成長率が低下し米国経済が長期停滞に入ったためというわけだ。

特に、金融政策を決める際の重要な要素であるインフレ率が大きく跳ね上がる兆しはなく、過度な金融緩和を避けるべく金融を引き締めたくても引き締められない状況であった。現在、米国は金融引き締めのトップランナーであるが、それでも利上げ開始から約三年が経つものの政策金利はようやく二％台に乗せたところだ。このような長期停滞は、米国に限らず日本やヨーロッパでも見られる現象だ。

長期停滞と金融緩和は、金利の大幅な低下をもたらす。預金金利の魅力は著しく低下し、個人・法人を問わず誰もが運用難に直面する。過度な金融緩和により市場に溢れたマネーは、株や不動産をはじめ様々な資産に流れ込む。緩和マネーの一部は、少しでも高いリターンを得ようとリスクの高い無謀な投資へと向かう。こうして資産バブルが発生し、膨張して行くわけだ。

バブルはなぜ崩壊するのか？

いかなるバブル崩壊にも、何かしらのきっかけがある。そして、バブルの膨張と同様、バブル崩壊をもたらす典型的なきっかけになるのは、やはり中央銀行の金融政策だ。景気の過熱を避けるために行なう金融引き締めが、バブル崩壊の引き金を引くことが多い。

金利上昇は、多くの企業の業績に逆風となる。特にバブル（超好景気）期には、借り入れを膨らませ設備投資をするなど事業拡大に邁進する企業が増える。金利が上がると当然、返済負担は増すから業績にはマイナスだ。多くの企業の業績が鈍化し、景気も減速、やがて赤字に転落する企業も続出する。その結果、多くの企業の株価は下落に転じ、銘柄によっては暴落する。それまでの「買うから上がる。上がるから買う」という好循環は一転、「売るから下がる。下がるから売る」という悪循環となる。

不動産市場も金利上昇により打撃を受ける。不動産価格の高騰は、多くの人々を不動産市場へと引き込む。「今、買わなければ、もう買えなくなる！」マイホームを欲する人々は、年々どころか月ごとに上昇する不動産価格に焦りを募らせ、バブル期特有の低金利にも背中を押され、誰もが買い急ぐ。そこに不動産投機も加わり、株バブルと同様「買うから上がる。上がるから買う」という好循環が生じる。

不動産はいくらでも売れる状態となり建築ブームが発生、しまいには住宅の過剰在庫が形成される。そして米国のサブプライムローン（信用力の低い低所得者向けの住宅ローン）に象徴されるように、無謀な融資も行なわれる。上昇した住宅価格を担保にローンの借り増しや、プライムローン（信用力の高い人向けの住宅ローン）への借り換えも普通に行なわれた。不動産価格が上昇を続ける以上、購入した不動産の担保価値は十分であり、何のリスクもないわけだ。

ところが、中央銀行の利上げにより金利が上昇すると、好調だった不動産市況に綻びが生じる。住宅価格の上昇にブレーキがかかり、やがて下落に転じると、このような借り増しや借り換えができなくなる。特に、変動金利で住宅ローンを組んでいた場合は目も当てられない。米国のサブプライムローンについても、その多くが変動金利を採用していた。

こうして、ローンの返済に行き詰まる人々が続出する。当然、住宅は手放さざるを得ない。バブル期の建築ブームにより、ただでさえダブついていた不動産需給は完全に供給過剰となり、株と同様、売りの悪循環が生じ多くの不動産の価格はあれよあれよという間に暴落して行く。

このように、中央銀行の金融引き締めがバブル崩壊のきっかけとなることは多い。ただ、バブルが資産価格の異常な高騰である以上、バブルが崩壊するのは必然とも言える。何事においても、異常な状態が永続的に続くことはあり得ないのだ。

米国の不況がもたらした九〇年代日本のバブル

「バブル崩壊」と聞けば、九〇年代の株・不動産バブルの崩壊を連想する人が多いのではないか。あれからすでに三〇年近い歳月が経つが、あのバブル崩壊はそれほど多くの日本人にとって、また日本経済にとってショッキングな出来事であった。そこで九〇年代のわが国におけるバブル崩壊を振り返り、今後も繰り返されるに違いないバブル発生と膨張、そして崩壊について考えてみたい。

八〇年代後半から九〇年代の日本のバブルの原因として指摘されるのが、プラザ合意である。一九八五年九月二二日、ニューヨークのプラザホテルに先進五ヵ国の蔵相・中央銀行総裁らが集まり、為替レートの安定化について会議が行なわれた。その主な目的は、ドル高の是正である。

当時、米国は深刻な不景気に苦しんでいた。従来、不況期には物価が下落するのが常識であったが、七〇年代の石油ショックによるインフレもあり、不況にも関わらず物価が上がるという状況に陥っていた。いわゆる「スタグフレーション」（不況下の物価高）である。

スタグフレーションに向けた金融政策は、非常に難しい。通常の不況であれば物価も下落傾向にあるから、利下げなどで金融を緩和すれば景気が刺激されて物価も適正な水準まで上昇する。しかし、スタグフレーションの際に金融を緩和すれば、ただでさえ高い物価をますます高騰させてしまう。逆に利上げなどで金融を引き締めれば、インフレは抑制できても景気をますます冷やしかねない。不況とインフレでは、対策が正反対になるのだ。

　このような難しい状況の中、当時FRB議長であったポール・ボルカーは、強力な金融引き締め政策に打って出た。一九七九年に平均一一・二%だった米国の政策金利は、一九八一年には二〇%に達した。その結果、インフレは沈静化した。しかし、副作用も小さくはなかった。極端とも言える金融引き締めは米国の景気を冷やした。GDPは三%以上も減少し、失業率は一一%に達した。また、高金利政策が招いたドル高も米国経済に打撃を与えた。ドル高（円安）により、米国の輸出競争力は低下し、日本の輸出競争力は飛躍的に高まった。その結果、日米間の貿易不均衡は急激に拡大した。

　貿易不均衡の拡大を受け、米国は日本に対して内需拡大や規制緩和、米国製品の輸入拡大などを要求した。さらに、プラザ合意でドル高是正、すなわち円高ドル安への誘導が決められた。その結果、すさまじい勢いで円高ドル安が進行した。プラザ合意がなされた一九八五年九月時点で一ドル＝二四〇円程度であった円相場は、一年後には一ドル＝一五〇円台へと急騰した。

これほどの急激な円高は当然、日本の輸出産業に大打撃を与える。そこで、円高不況への対策として日銀は金融緩和を実施し、五％だった公定歩合を一九八七年にかけて五回引き下げた。公定歩合は、一九八七年二月には当時としては記録的な低水準である二・五％まで引き下げられた。

しかし、強力な金融緩和にも関わらず、原油価格の低迷や円高による輸入物価の下落もあり、十分な物価上昇にはつながらなかった。日銀としても、インフレ率が上向かなければ金利は上げづらい。必然的に金融緩和は長期化し、溢れた緩和マネーは株や不動産などの資産へと向かった。こうして、バブル膨張の条件は整った。

空前の株式投資ブーム

プラザ合意に伴う金融緩和を受け、それまでも順調に推移していた株式相場は上昇に拍車がかかって行く。一九八五年に一万三〇〇〇円程度であった日経平均株価は、翌一九八六年には一万八〇〇〇円台まで上昇した。株価の上昇は、政府にとっても好都合であった。当時、政府が保有していたＮＴＴの株式を民間に販売することになったからだ。財政難の中、政府としてはなるべく高値でＮＴＴ株を売りたかったわけだ。

政府がＮＴＴ株を売り出すと応募が殺到し、なんと一〇〇〇万件を上回る申し込みがあったという。売り出し価格は一一九万七〇〇〇円であった。そして、一九八七年二月九日、ＮＴＴはついに上場の日を迎える。取引が始まると、買い注文が殺到し、初日は値が付かないまま取引を終えた。翌日の取引終了間際、ようやく売買が成立した。初値は一六〇万円であった。売り出し価格を約四〇万円、三割以上も上回る高騰を見せたのだ。

その後もＮＴＴ株フィーバーはますます過熱し、四月二二日には株価は三一八万円の高値を記録した。上場前の抽選に当たり一一九万七〇〇〇円でＮＴＴ株を手に入れた人は、わずか二ヵ月あまりで資金を二・五倍以上に殖やしたのである。「株は儲かる！」——それまで株式投資などまったく縁のなかった投資初心者が、株式市場に群がって行った。株式投資ブームに乗りＮＴＴ株が高騰し、ＮＴＴ株の高騰がまた株式投資ブームをさらに過熱させて行ったのだ。

日本がＮＴＴ株上場に沸き立っていた一九八七年二月二二日、パリの旧ルーブル宮殿で先進七ヵ国蔵相・中央銀行総裁会議（Ｇ７）が開催された。そこで、プラザ合意により極端に進行したドル安に歯止めをかけることで各国が合意した。しかし、このルーブル合意の効果はほとんどなく、その後もドル安が進行した。当時の米国は、レーガン政権下での大規模減税や軍事支出の増大などで財政収支が悪化し、いわゆる双子の赤字に陥っていた。国際収支の不均衡を是正するためには、さらなる米ドルの下落が必要という見方が多かったのだ。

また、ルーブル合意による新たな政策協調も、ほどなくして足並みが乱れる。Ｇ７メンバーの旧西ドイツが、インフレ懸念から金利を高めに誘導したからである。これを受け、市場ではＦＲＢ（連邦準備制度理事会）も金利を引き上げるのではないかという警戒が広まった。

このような状況の中、一九八七年一〇月一九日、株式市場は歴史的な大暴落を演じる。「ブラックマンデー」である。世界恐慌時の株の暴落が「ブラックサーズデー」（暗黒の木曜日）と呼ばれたのにならい、一九日が月曜日だったため「ブラックマンデー」と名付けられた。

この日、ダウ平均株価は前週末比五〇八ドルもの大暴落となった。「五〇八ドルで大暴落とはちょっと大袈裟では？」と思われるかもしれない。最近でも、ダウ平均株価は二〇一八年一〇月一〇日に、一日で八三一・八三ドルも下落した。ちなみに、これまで一日の下落幅がもっとも大きかったのは、二〇一八年二月五日の一一七五・二一ドル安である。五〇〇ドル程度の下落は、さほど珍しいものではない。

しかし、一九八七年と二〇一八年とでは株価の絶対水準がまったく異なる。二〇一八年のダウ平均株価が二万五〇〇〇ドル程度であるのに対し、一九八七年のダウ平均株価は二五〇〇ドル程度であった。約一〇倍もの差があるのだ。当時の五〇〇ドルの下落というのは、二〇一八年現在の株価水準で言えば、五〇〇〇ドルの下落に相当すると考えてよい。わずか一日で五〇〇〇ドルもの下落と考えれば、そのインパクトの大きさが多少はイメージできるのではないだろうか。下落幅よりもむしろ下落率を見れば、当時の暴落のすさまじさがわかる。ブラックマンデー当日のダウ平均株価の下落率は二二・六％に達し、世界恐慌時のブラックサーズデー当日の下落率（一二・八％）を大きく上回る。

ニューヨークの株価暴落は瞬く間に世界の株式市場へと波及した。翌日二〇日の東京市場では、日経平均株価は三八三六・四八円安（下落率一四・九％）の大暴落となった。一日の下落率および下落幅は、共に歴代一位の記録である。あれから三〇年以上が経つが、いまだにこの記録は破られていないのだ。ブラックマンデー当日、東証一部銘柄の約四九％がストップ安になったというから尋常ではない。

当時、ＦＲＢ議長は新任のグリーンスパン氏であった。就任からわずか二ヵ月後にブラックマンデーに見舞われたグリーンスパン氏は、直ちに十分な資金供給を行なう旨の声明を発表、利下げを実施した。これにより米国企業の業績が回復し、暴落により株価の割高感が解消されたこともあり、株式市場は再び上昇基調を取り戻した。

日本の公定歩合はすでに二・五％と記録的な低水準にあったが、ルーブル合意に加えブラックマンデーが起きたことで、利上げできるような状況ではなかった。日本の景気は一九八六年一二月に底入れし、拡大局面にあった。それにも関わらず、当時としては過去最低水準の公定歩合が一九八七年二月から一九八九年五月まで二年以上にわたり続けられたのだ。日本は、完全に金融引き締めのタイミングを逸した。結果的にブラックマンデーは良いガス抜きになり、日本の株式と不動産バブルはさらなる膨張を続けて行った。

不動産ブームと「チバリーヒルズ」と「シーマ現象」

株式に負けず劣らず、不動産価格も異常な高騰を見せた。一九八八年の公示地価は、全国の商業地が前年比二一・九％、東京圏の商業地にいたっては六一・一％もの上昇となった。日本の銀行業界に根付いていた土地担保融資が、株価と地価を高騰させる原動力となった。土地を担保に資金を借り、その資金で新たに不動産や株式を買う。地価がぐんぐん上昇し、値上がり分を担保に再度資金を借り、不動産や株式を買う。このような連鎖の中、人々はとにかく値上がりする前にわれ先に、と不動産や株式を買い漁った。

土地は必ず値上がりするという「土地神話」がまことしやかに語られ、投機ブームと共に地価も高騰して行った。借金の返済など後回しで、多くの資金を借りた者ほど資産を殖やすことができた。企業も個人も、多くの人々が借金を膨らませながら投機を拡大して行った。銀行も積極的に融資を行ない、銀行の貸出残高は一九八五年以降、五年間で一〇〇兆円近くも増加したという。

その結果、バブルピークの一九九〇年前後には、国内の不動産評価額は二〇〇〇兆円を上回った。「東京23区の地価で米国全土が購入できる」と言われるほどの異常な状態であった。

都内では、「億ション」と呼ばれる一億円以上する高級分譲マンションがいくつも販売された。高級物件は都内に留まらなかった。一九八九年には、東急不動産が千葉県千葉市で「ワンハンドレッドヒルズ」と呼ばれる高級住宅地の分譲を開始した。超豪華な住宅が立ち並び、一戸当たりの分譲価格は五億円から一五億円にも上った。多くのマスコミにも取り上げられ、ロサンゼルスの高級住宅街「ビバリーヒルズ」をもじり、「チバリーヒルズ」と呼ばれた。都心から遠く離れた不便な立地にも関わらず、売り出された九戸は即完売したという。

不動産価格の異常な高騰は、不動産を持つ者と持たざる者との資産格差を拡大した。特に、マイホームを所有していない、あるいはこれからマイホームの購入を予定していた人たちは、はっきり言って負け組であった。念願のマイホームを手に入れるため真面目に働き、せっせと貯金してきたものの、地価高騰により物件の価格が大幅に上がってしまい、とてもではないが購入できなくなってしまった人たちも少なくない。

そのような人たちの中には、高級品やブランド品の購入に走る人も多かった。どんなに一生懸命お金を貯めてもマイホームはとても買えない。それなら、せめて家以外のモノは良いものを購入しようと考えたわけだ。また、マイホームを所有する人たちの中でも、地価上昇に伴う「資産効果」で積極的に消費を増やす人が多かった。こうして人々の購買意欲は高まり、消費が活発化した。

それを象徴するのが「シーマ現象」だ。シーマ現象とは、日産自動車の高級自動車『シーマ』が非常によく売れた現象のことである。シーマは最上級グレードだと五〇〇万円を超える高価格にも関わらず、発売後一年間で四万台近くのセールスを記録した。購入者へのアンケートによると、購入理由としてもっとも多かったのは、なんと「値段が高かったから」だそうだ。まさにバブル時代ならではの話で、今では考えられない購入理由だ。

株価は超割高な水準に

地価の高騰は株価をますます押し上げ、株式の売買判断の尺度をも変えた。企業が保有する不動産の含み益が膨らむ中、株価の判断材料として、企業の業績や稼ぐ力ではなく、企業が保有する不動産に注目が集まった。兜町では、東京湾岸の地図が飛ぶように売れたという。開発が見込める土地を保有する企業を見つけ、その株を買うためだ。

その結果、日本の株価は極端に割高な水準に達した。株価の適正水準を計る代表的な指標であるＰＥＲ（株価収益率）は、東証一部全銘柄で六〇倍を上回った。東証一部全銘柄のＰＢＲ（株価純資産倍率）も五倍を超えていた。本稿執筆中の二〇一八年一〇月時点では、東証一部全銘柄のＰＥＲは一三倍台でありＰＢＲは一・二倍程度であるから、当時の株価がいかに過大評価されていたかがわかるだろう。

東証一部全体でこれほど割高な状況だから、個別の銘柄によってはＰＥＲが一〇〇倍を上回るものがざらにあった。中にはＰＥＲが一〇〇〇倍を超える企業もあった。ＰＥＲは「株価÷一株当たり利益」で計算され、株価が一株当たり利益の何倍になっているかを示す。一株当たり利益は、一年間の事業活動の結果、株主に残された利益だからＰＥＲが一〇〇倍なら投資資金の回収に一〇〇年かかり、一〇〇〇倍なら一〇〇〇年かかることを意味するわけで、株価の異常さがわかる。

長引く金融緩和が株価を高騰させバブルを膨らませたわけだが、この尋常ではない割高な株価が維持されたのには、わが国特有の事情もあった。その一つが「株式持ち合い」である。複数の企業が互いに相手の株を保有する株式持ち合いは、一九七〇年初頭から盛んになった。一九六四年のＯＥＣＤ加盟により、貿易および資本の自由化が求められる中、外資が証券不況につけこんで日本企業を乗っ取るのではないかという懸念が高まった。そこで敵対的買収を防ぐため、多くの企業が株式持ち合いを積極的に進めたのだ。一九八〇年代後半には、発行済み株式数の実に七割を持ち合い株が占めるという状況になった。持ち合い株は互いに売らないことが前提だ。そのため株価も下落しにくくなり、高値が維持されたというわけだ。

また、事実上の株価操作も行なわれていた。ブラックマンデーの翌日、大蔵省は当時の四大証券会社（野村・大和・山一・日興）に対し、株価の維持、買い支えを要請した。当時、政府はＮＴＴ株の第二次売り出しを一ヵ月後に控えていた。そのため、なんとしてでも高値を維持しようと機関投資家に対してNTT株の売却を控えるよう圧力をかけたのだ。さらに、企業が株価下落による評価損を決算に計上しなくてもすむよう、会計基準の変更を延期するなど政府はあの手この手で株価の維持に努めた。

その甲斐あって、日本株はブラックマンデーからわずか数ヵ月で暴落前の水準を回復した。ただ、このようななり振り構わぬ政府の姿勢は、ある種の株式神話を生むことになった。「株価が下落しても必ず政府が支えるはず」――多くの投資家がそう信じることで、その後の日本株の上昇はますます加速して行った。一九八八年の年初二万一〇〇〇円台だった日経平均は、同年末には三万円台に乗せ、一九八九年末には三万八九一五円の史上最高値を付けた。

ついに、バブル崩壊

日経平均が年末に史上最高値を記録した一九八九年は、株式市場、証券業界、投資家にとって最高の年であった。九〇年代が明け、さらなる株式市場の活況、株価の上昇を誰もが確信していた。まさか、ここが天井であり、その後三〇年近く経ってもこの高値を更新できないなどとは、想像すらできなかった。

ところが、一九九〇年が明けると、日本株はじりじりと下落して行き、日経平均は同年一月には三万六〇〇〇円台の安値を付けた。「ブラックマンデー以降、あまりにも急ピッチで上昇してきたわけで、多少の調整は当然だ」――多くの投資家はそう考えた。彼らにはこの株価が「激安」に見え、絶好の買い場だと信じて株を買い増して行った。

しかし、予想に反して株価は一向に上向かない。そして、二月中旬、日本株はついに大暴落を開始した。日経平均は二月には三万三〇〇〇円台まで下落し、三月には三万円の大台も割り込んだ。その後多少の反発を経て、八月には二万四〇〇〇円を割り込み、九月には二万一〇〇〇円を割り込んだ。その後も株価の下落は止まらず、日経平均は一九九二年八月には一万四〇〇〇円台の安値へと沈んだ。

日経平均は、史上最高値からわずか二年半ほどで約三分の一の水準へと暴落した。プラザ合意後の上昇分を、ほぼすべて吹き飛ばした。これにより、日本の株バブルは完全に崩壊したことが誰の目にも明らかとなった。

株バブル崩壊を追うように、不動産バブルも崩壊して行った。投機ブームの幕引きに大きな役割を果たしたのが、日銀の三重野総裁（当時）だ。投機バブルが日本経済にもたらす悪影響を懸念していた三重野氏は、一九八九年一二月に日銀総裁に就任すると早速、金融引き締めに動いた。

八九年一二月、九〇年三月と八月と三回、公定歩合を引き上げた。また政府は九〇年四月、「総量規制」と呼ばれる地価高騰抑止策を導入した。これは全国の金融機関に対し、不動産向けの融資残高の伸び率を総貸出残高の伸び率以下に抑えることを義務付けたものだ。さらに九二年一月には、個人および法人が所有する土地に対し課税する「地価税」も導入された。

これらの政策により、九一年以降、地価もついに下落を開始した。政府・日銀としては、もちろん地価の異常な高騰を抑止し、市場をソフトランディングさせるのが目的であったが、「山高ければ谷深し」――無情にも株と同じく地価も暴落してしまった。東京圏の商業地の下落率は、九二年が六・九％、九三年が一九・〇％、九四年が一八・三％に達した。地価は、わずか三年で約四割も下落したことになる。「不動産は下がらない」――多くの人々が信じていた土地神話もあっけなく崩壊した。

株式および不動産バブルの崩壊により、経済の歯車は一気に逆回転を始める。多くの個人、法人が株や不動産の売買で多額の損失を被り、窮地に陥った。特に不動産投資については、銀行から借りたお金が返せなくなり破産する個人や法人が相次いだ。融資をしていた銀行も債権の回収ができなくなり、悲惨な状況に陥った。ほとんどの銀行が、不動産を担保に巨額の融資をしていた。

一般に、銀行が土地を担保に融資する場合、その土地価格の七割程度で融資すると言われる。たとえば一億円の土地を担保にするなら、融資額は七〇〇〇万円というわけだ。万が一、借り手が返済に行き詰まる事態になっても、土地を売れば融資したお金は難なく回収できる。

銀行は金貸し業だから、返済が見込めるならより多くの貸し付けをする方がより多くの利子が得られるから儲かる。バブル当時、地価はどんどん上昇していた。そもそも、七割の融資に限定する必要があるのか？　このような考えの下、銀行は地価の上昇を当て込み融資額を膨らませた。先の例、一億円の土地であれば数年もすれば一億五〇〇〇万円になるだろうから、その金額を担保に一億円融資する、ということが横行したのだ。土地価格の一〇割を融資するわけだ。もちろん、もくろみ通りに地価が上昇すれば何の問題もない。しかし、地価は暴落した。一億円の土地が四割下落して六〇〇〇万円になったとすると、返済に行き詰まり土地を売却しても一億円の借金を穴埋めできない。差額の四〇〇〇万円が損失となる。

こうして、担保はまったく意味をなさなくなり、銀行は巨額の不良債権を抱えることになった。多くの銀行の経営は悪化し、優良企業に対しても融資ができなくなった。さらには、契約通りに債務履行している企業に対しても突然、追加担保や全額返済を求めるケースも増えた。これらの貸し渋りや貸し剥がしにより、中小企業を中心に多くの企業が資金繰りに行き詰まり、倒産に追い込まれた。また、借入金の返済を求められた企業は、株式や不動産などの資産売却を迫られた。その結果、株価や地価はますます下落して行った。景気は悪化し、日本はデフレスパイラルの罠へと陥って行く。

金融システムの動揺

バブル崩壊後、損失補填、不正な会計操作や粉飾決算など金融機関の不祥事が相次いで発覚した。破綻だけは避けようと、あの手この手で財務の健全性を必死に取り繕ったのだ。また、政府も特に大手金融機関は破綻させないという方針を取っていた。

しかし、そのようなごまかしはいつまでも通用しない。一九九五年頃になると金融システムに綻びが見え始め、やがて深刻な金融危機へと発展して行った。コスモ信用組合、木津信用組合、能代信用金庫など経営不振に陥っていた金融機関で取り付け騒ぎが相次いで発生、短期間のうちに多額の預金が引き出された。一九九五年八月には、第二地銀の兵庫銀行が破綻した。銀行としては戦後初の経営破綻となり、銀行不倒神話もまた崩壊した。

金融不安はますます高まり、政府は預金の全額保護という特例措置を採った。それでも人々の不安を解消するには至らず、その後も取り付け騒ぎや預金の大量流出が相次ぎ、多くの金融機関が破綻した。

アジア通貨危機とも重なった一九九七～九八年にかけては、名だたる大手金融機関が次々に破綻し、わが国は深刻な金融危機に陥った。特に一九九七年一一月は、三日に三洋証券、一七日には北海道拓殖銀行、二四日には山一證券と名だたる大手金融機関が相次いで破綻すると、いよいよ金融不安はピークに達する。

山一證券破綻の二日後、二六日の朝に第二地銀の徳陽シティ銀行の破綻が公表されると、人々の不安は一気に噴出した。全国各地の銀行で行列ができたのだ。大蔵省と日銀が協議し、店舗の外に並ぶ客を全員、店内に入れるよう指示した。大行列が人目につけば、それを見た人たちの不安をあおり、取り付け騒ぎがいよいよ収拾のつかないものになりかねないからだ。行員たちは整理券を配布したり、応接室を開放するなど必死に対応した。週刊誌などで経営不安を報じられていた銀行の店内は、満員電車さながらに客で溢れかえったという。

さらに一九九八年には、一〇月に日本長期信用銀行（長銀）、一二月に日本債券信用銀行（日債銀）が相次いで破綻し、いずれも国有化された。日本の金融システムは大きく動揺し、この不況が単なる不況ではないと国民の多くが思い知らされることになる。この頃から「デフレ」という言葉を頻繁に耳にするようになり、モノが売れず、価格がどんどん下がって行った。株価も下落を続け、一九九八年一〇月には一万二八七九円という安値に沈んだ。

その後、主要銀行に対し公的資金が注入され、金融システムは次第に安定を取り戻して行った。しかし、世界が経済成長を続ける中、日本だけは「失われた一〇年」、さらには「失われた二〇年」と呼ばれる景気の低迷に苦しめられることになる。バブル崩壊直後、バブル崩壊の後遺症がかくも長く深いものになるなどと、誰が想像できただろうか。

バブルは必ず崩壊する!

「歴史は繰り返す」と言われる。世界はこれまで幾度となくバブルの膨張と崩壊を繰り返してきた。バブルは、バブル（泡）であるが故に必ず崩壊する運命にある。しかし、バブルのさなかにそれがバブルであると認識するのは非常に困難だ。多くのバブルは崩壊して初めて「バブルだった」と認識されるものだ。中には、高騰する相場に対して「バブルだ」と警鐘を鳴らす者も少なからずいるが、その声はたいていの場合、上昇相場の熱気の中で強気派の威勢のよい声にかき消されてしまう。

そんな時、強気派の専門家の口から出てくるのが「今回は違う」という言葉だ。カーメン・M・ラインハートとケネス・S・ロゴフによって著された『国家は破綻する』の原題として有名な「今回は違う」（This Time is Different）という言葉は、渦中にあるバブルを正当化するのに実に都合のよい言葉だ。

一九八〇年代の日本のバブルでは、地価が高騰を続ける中、「企業が保有する不動産の含み益を考慮すれば、株価はまだまだ割安だ」という理屈がまかり通った。一九九〇年代には、「ニューエコノミー」という言葉が生まれ、ITバブルを正当化した。つい最近の事例ならビットコインバブルも記憶に新しい。一年で数十倍という驚異的な価格上昇を見せ、バブルを懸念する声が出る中、「ビットコインの発行総量には上限が定められている」「株価や地価のように適正な価格を計る指標もない」などの理由で「バブルには当たらない」という主張が多くなされた。これらのバブルは、いずれも無残にも砕け散った。

そして今、巨大なバブルが膨張し、崩壊の時を待っている。世界経済は好調を維持するものの、成長率は伸び悩み、インフレ率も高まらない。世界経済の低体温は金融引き締めを遅らせ、それが市場にとっては心地のよい適温となり、株価や地価をはじめとする資産価格をどんどん高騰させて行った。現在の資産バブルもまた、低成長、低金利が長期化することを示す「ニューノーマル」という言葉によりしばしば正当化されてきた。

しかし、二〇一七年以降、米国の利上げも徐々に加速して行き、長期金利も三％台に乗せてきた。風船を膨らませ続ければいずれ破裂するように、バブルもまた膨張を続ける以上、いずれ破裂する。その限界は、いよいよ近づきつつある。バブルは、必ず崩壊するのだ。そして、バブルの規模が大きければ大きいほど、崩壊した時の衝撃も大きくなるのである。

第六章　二京七〇〇〇兆円の史上最大の借金
――リーマンが残したもの

財政の独立なくては、思想の独立もなく行動の自由もない。

（坂本龍馬）

偽りの世界好景気は、金利上昇により地獄へと転じる

二京七〇〇〇兆円——読者はその金額をイメージできるだろうか。私たち一般庶民にはまったく実感できないこの数字は、二〇一八年三月末時点での世界の債務残高だ。債務——一般になじみのある言葉で言えば、借金だ。今、世界中の国も企業も家計も、借金をしまくっているのだ。

二〇一八年九月一五日、日本経済新聞は一面でデカデカと「世界の債務一〇年で四割増　リーマン危機一〇年——マネー、成長に回らず」と報じた。国際金融協会（IIF）によれば、二〇一八年三月末での世界の債務残高（政府・企業・家計・金融機関）は二四七兆ドル。冒頭で述べたように、これを一ドル＝一一〇円で日本円換算すると二京七〇〇〇兆円という途方もない金額になる。日経記事によれば、一〇年前のリーマン・ショック時と比べると七五兆ドル（四三％）増加したという。

しかも、問題なのはこの借金の質だ。借金が実体経済の成長に寄与するまともなものならいい。しかし、この一〇年の世界の国内総生産（ＧＤＰ）の伸びは二四兆ドル（三七％）に留まっている。つまり、借金増ほど実体経済は伸びていないのだ。日経の記事はこう解説する――「金融危機の遠因となった『稼ぎ』に見合わない規模の債務を抱える」との問題は悪化しているのだ」（日本経済新聞二〇一八年九月一五日付）。

『週刊エコノミスト』は二〇一八年一〇月二三日号で「偽りの世界好景気」と題する特集を組んだ。その特集のトップを飾る論評は、「借金まみれで始まった米金利上昇という『地雷』」。世界中で借金が膨張し続ける中で始まった米金利上昇。それは、踏んでしまった人を吹き飛ばす「地雷」だというのである。

米金利上昇という「地雷」を踏んだことで、一体どんなことが起きるのか。記事から一部抜粋しよう。

――

ＦＲＢの断続的な利上げの影響が世界経済に影を落とし始めている。

最も顕著なのが、金融機関や投資家がドルを調達する際の金利だ。ドル調達金利は九月末時点で三・一％と、リーマン・ショック時の水準（五・四％）に迫る。量的緩和政策で新興国になだれ込んだドル建て債務残高をさらに膨張させ、返済不能、債務不履行リスクを高めているのだ。

新興国の債務（非金融部門、中国除く）は二〇一八年三月末時点で二二兆ドル（約二五〇〇兆円）超と、過去一〇年でほぼ二倍に膨らんだ。うちドル建て債務も同二倍以上の三・七兆ドルに増えた。

ドル建て債務の借り換えの際、金利が上乗せされるだけでなく、FRBの国債買い入れ減額でドル不足に拍車がかかれば、新興国企業・政府の資金調達はいっそう厳しくなる。トルコやアルゼンチンなど一部新興国で始まっている通貨危機がさらに拡大する可能性は否定できない。

もう一つドル資金が向かった先が米国内の社債である。米国では〇八年に五・五兆ドルだった社債市場は、足元で九兆ドルに拡大した。

実は、債務(債券発行)残高の増加は世界的な現象だ。国際通貨基金(ＩＭＦ)によれば、一六年の民間・公的部門を含めた世界債務残高は一六四兆ドルと世界総生産(ＧＤＰ)の二・三倍の規模に達している。

つまり、低金利を前提とした過剰債務状態のまま、金利上昇局面を迎えたわけだ。米国内でも、今後借り換えがきかず、資金繰りに窮する家計や企業が続出する可能性が高い。

世界全体が借金まみれで始まった基軸通貨ドルの金利上昇——。リーマン・ショック級の危機に対応するだけの余力はどこにもない。

(週刊エコノミスト二〇一八年一〇月二三日号)

新興国の債務膨張・債務不履行・通貨危機、さらには米国内でも家計や企業で債務不履行が続出するというのである。この世界的な債務膨張はジャブジャ

ブの金融緩和＝異常な超低金利によって生み出されたものだ。しかも、膨張する債務に伴う実体経済の成長はない。債務は実体経済の成長に寄与する効率的投資のために増大したのではなく、ただ超低金利であるということだけで膨張してきたと言ってよいだろう。前提条件であるその超低金利が違ってきてしまったのだから、確かに世界経済に大きな狂いが生じておかしくない。

中国では、バブル建築高層ビルを「破壊せざるを得なくなる」

膨張する借金を主体別に見ると、企業の債務増が目立つ。その額、二八兆ドル。日本円換算だと三〇〇〇兆円を超える額だ。その企業の増加分の三分の二を占めるのが中国だ。中国はリーマン・ショック後、四兆元（当時のレートで約五七兆円）の景気対策を行ない、主要各国がマイナス成長に陥る中、六％超の成長を維持。世界経済の底割れを防ぎ、「世界を救った」とまで言われた。しかし今、その膨張経済のツケをどう処理するかに苦しめられている。

国際決済銀行（ＢＩＳ）によると、中国の政府・民間債務（金融部門を除く）の国内総生産（ＧＤＰ）に対する比率は二六一％にのぼる。リーマン・ショック直後の二〇〇八年末の一四一％から、一〇年で二倍近くまで急増している。今、中国の「政府・民間債務」の数字を挙げたが、中国の場合、公的部門と民間部門との境はあいまいだ。

四兆元の景気対策。これは高速道路などインフラ整備に投じた大がかりなものであったが、直接の借り入れが制限されていた地方政府はダミー会社を通じて資金を集めて、投資プロジェクトを進めた。ここに、いわゆる「影の銀行」問題が生じるのである。

「影の銀行」について簡単に説明しておこう。「影の銀行」とは、具体的には信託会社やファンド、貸金業者、質屋などが該当する。その中でも特に問題なのが、信託会社などが組成し主に銀行の窓口で販売された「理財商品」（高利回りの資産運用商品）で、集められた巨額の資金が主に地方政府の投資プロジェクト（不動産開発・インフラ整備など）に流れて行った。

高利回りだから巨額のマネーが集まったわけだが、その高利回りに相応しい投資プロジェクトであったとは到底言えない。プロジェクトが引き起こしたものは、鉄道や高速道路沿いの不動産価格の高騰。値上がりを見込んだ開発がさらなる価格高騰を招いた。価格高騰を見込んだ投資――明らかにバブルである。本当に必要な投資なのかは二の次。これら非効率な開発投資は、当然まともな収益を上げられるはずはなく、巨大なコンクリートと不良債権の山となる。

二〇一八年一〇月二二日付『ウォール・ストリート・ジャーナル日本版』は、「中国の巨額投資、辿り着いたのは『先のない道』」と題して、不必要なプロジェクトが溢れる現状を次のように伝えている。

中国の独立系シンクタンク、北京安邦諮詢の陳功董事長は「遅かれ早かれ、中国の諸都市では、いくつかの高層ビルを破壊せざるを得なくなる」と語る。

北京から高速鉄道で三〇分ほどの距離にある北部の港町、天津市では、政府の支援策によって助長されたインフラ過剰の様子が見て取れる。人口一五六〇万人の同市には、七つの高速鉄道の駅のほか、中心部を走る地下鉄の路線網に川沿いの自由貿易区がある。何兆元（何千億ドル）もの資金をかけて建設されたものだ。だが、川沿いの「浜海新区」の大半は空っぽのままだ。（中略）

内モンゴル自治区オルドスには、ビーズクッションのような形をした巨大な博物館があるが、期待していたほどの訪問者は訪れていない。このほか、河北省唐山市の曹妃甸（そうひでん）工業区開発計画は、総額九一〇億ドルを投じたプロジェクトが債務と未履行の約束にあえいでいる。

（ウォール・ストリート・ジャーナル日本版二〇一八年一〇月二二日付）

「いくつかの高層ビルを破壊せざるを得なくなる」には驚きを禁じ得ないが、それほど効率をまったく無視した投資プロジェクトが横行していたのだ。

この明らかなバブルが弾けるのはいつなのか？　『週刊エコノミスト』は二〇一八年一〇月二日号で、「二〇の疑問で解き明かす　中国の闇」を特集しているが、その疑問のトップは「二〇一九年ショックって本当？」だ。二〇一九年に中国経済に激震が走るというのだ。この疑問に答えているのは、みずほ証券投資情報部シニアエコノミストの吉川健治氏。吉川氏は、リーマン・ショック翌年の二〇〇九年と二〇一九年の中国経済を比較してこう述べている。

リーマン・ショック翌年の〇九年には米中貿易が大幅に減少したため、純輸出の成長寄与度は前年比マイナス四％強と大きな下押し要因となった。当時の中国は大型景気対策を打ち出す余地があり、内需拡大策が成長を押し上げ、経済的な危機を乗り越えた。
しかし、今回は巨額な債務を抱え、対策規模が制約されるため、内需拡大の成長押し上げ効果は限定的だ。この場合、デフォルト（債務不履行）の多発と失業者の大幅増、資本流出増、不動産バブルの崩壊

や巨額債務の不良債権化による金融システム危機発生の悪循環が懸念される。
（週刊エコノミスト二〇一八年一〇月二日号）

中国は、隠れ債務だけで五〇〇〜六〇〇兆円

デフォルトの多発、不動産バブルの崩壊、巨額債務の不良債権化による金融システム危機……。では、中国地方政府の債務の実態はどうなっているのだろうか？　二〇一八年九月二三日付『日経ヴェリタス』は、「中国　落日の足音」を特集した。その中でやはり債務の問題に触れ、「地方政府も圧迫」と伝えている。その債務の額には驚く他ない。

家計の消費余力が乏しくなっている一方、債務増で首が回らなくなりつつあるのが地方政府だ。中央政府が認める債務額一七兆元に加え、傘下の投資会社「地方融資平台」などが抱える隠れ債務が三〇兆元規

模で存在するとされる。中国の証券会社、太平洋証券がインフラ投資の額を基準に隠れ債務を推計したところ、三八兆元にのぼるとの結果が出た。他の調査機関でも二〇兆元台後半から三〇兆元台との数字が多い。
（日経ヴェリタス二〇一八年九月二三日付）

さて、この三〇兆元とか、三八兆元だとかいう金額、日本円換算するといくらくらいになるのだろうか？　現在一人民元は大体一六・二円だから、三〇兆元なら約四八六兆円、三八兆元なら約六一五兆円。トンデモナイ額なのである。いいいい、隠れ債務だけでこのトンデモナイ金額なのである。これがバブル的投資プロジェクトの基になっている債務なのだから、その多くが不良債権と化しても何ら不思議ではない。

さらに問題なのは、「影の銀行」においては誰が損失リスクを負うのかが曖昧で幅広い関係者が損失リスクを負う可能性があり、最悪の場合、金融システムを大きく揺るがす恐れがあるということだ。

中国では、家計の債務も深刻な状況にある。先に見てきたような不動産価格の高騰を見込んでの住宅ローンが増え続けているのだ。先にも引用した『週刊エコノミスト』の特集「一〇の疑問で解き明かす 中国の闇」では、「家計の借金は破裂寸前？」という疑問も取り上げている。

その中で、上海財経大学高等研究院の田国強教授が最近まとめた中国における家計債務に関するリポートを紹介している。それによれば、一世帯当たりの家計債務は二〇一二年末時点では可処分所得の七割強であったものが毎年増え続け、一七年末時点では可処分所得の一〇七・二％にまで達した。多くの家計は支出が収入を上回る赤字の状態にあり、「首の皮一枚でつながっている危うい状況」だという。

銀行以外から借りる消費者金融の利用も急増している。金利は高いが、今は銀行が融資を絞っているため一部の家庭はやむなく借り入れて、住宅購入の資金などに充てているという。こうした公式統計で捕捉できないローンを含めると、実際の家計債務はさらに大きいと見られる。

中国の巨額債務の行方はどうなるのか――二〇一九年に必ずショックがくるとは断言できないが、この巨額債務という時限爆弾がいつか、何らかの形で爆発するのは間違いないだろう。中国経済といえば米中貿易戦争に目が向きがちだが、それ以前にある危機――この巨額債務問題からも決して目を逸らすことはできない。

金利がわずか一%上昇しただけで、日銀は二三兆円もの評価損

わが国でも、膨らみ続ける債務は深刻な問題を引き起こしている。その第一は、言わずもがなの〝政府債務〟だ。

今から一〇年前、二〇〇八年九月末時点での国の借金は、八四三兆二七九四億円であった。それが、二〇一八年九月末時点では一〇九一兆七六八五億円。金額にして二四八兆四八九一億円、率にして三〇%近くも増えている。もちろん、過去最高額を更新し続けている。「でも、別に何の問題も起こっていない

じゃないか」という向きもあろうが、それはアベノミクスによる異常な金融緩和政策により、金利が超低水準に抑えられているからにすぎない。もし、金利が上昇したらどんな事態が発生するのか？――日本銀行の黒田東彦総裁は、二〇一七年五月一〇日の衆議院財務金融委員会で、「長期金利が一％上昇した場合、日銀が保有する国債の評価損が二三兆円程度に達する」と答えた。

なぜ、評価損が発生するのか、あまりご理解されていない読者もいらっしゃるであろうから簡単に説明しておこう。異常な金融緩和政策の下、昨今日銀は長期国債をどんどん買い入れているが、買っている長期国債は超低金利である。つまり、超低金利が長期にわたって約束されているという、本来ならまったく魅力のない金融商品だ。

さて、今、日銀が買っている長期国債の金利をざっくりと〇・一％であるとしよう。仮にそれが一・一％に上がったらどうなるか？　同じ日本国が発行する債券で、かたや金利は〇・一％、かたや一・一％である。国債を買いたい投資家は、当然一・一％の方を買う。その時、〇・一％の国債はどうなるか？

元値のままでは誰も買ってはくれない。では、どうしたら買ってもらえるか？値引きすれば買ってもらえる。どれくらい値引きすればよいのかというのは、残存期間と得られる利子とで計算される。実際には売らないまでも、こうして計算されるのが評価損だ。

一％の金利上昇で二三兆円という話だから、金利上昇幅が二％であれば、評価損は四六兆円ということになる。仮に、日銀の目標通りに消費者物価上昇率が二％に上昇した場合には、短期金利も二％以上になるだろう。長期金利はそれより高くなるので、三％になる可能性が十分ある。仮に三％だとすれば、保有国債の評価損は、六九兆円という驚くべき額になる。

しかも、日銀はその後も大幅に超低金利の長期国債を買い増しており、長期国債・超長期国債の保有残高は、二〇一七年三月三一日時点では二二四兆九八一八億円だったものが、二〇一八年一〇月三一日現在では二九六兆九四三九億円にまでなっている。この増えた分も皆、超低金利のものだから、金利上昇に伴う評価損額は先の黒田日銀総裁の発言よりもさらに膨らんでいるのだ。

さらに言えば、金利上昇により評価損が膨らむのは、国債だけでもないし、日銀ばかりでもない。日本国債の金利が上昇すれば、円建てのすべての債券の金利も上昇する。したがって、国債同様、超低金利時代に発行されたすべての円建ての既発債（すでに発行されている債券）が値を下げ、評価損が発生する。

また、異次元の金融緩和により、今、日銀は最大の国債保有主体となり、二〇一八年六月末時点では四四・六％を占めるまでになっている。しかし、別の見方をすれば、残り半分以上はまだ日銀以外が保有しているのだ。日銀に次ぐのは生損保などの保険会社で二〇・六％。その次が銀行などの金融機関で一八・三％。これら民間の金融機関の保有合計は、日銀の保有額に匹敵する。これらわが国のすべての金融機関において、巨額の評価損が発生することになる。

このように、わが国政府の借金増の問題点は、異次元の金融緩和＝前代未聞の超低金利によりまだ顕在化してはいないが、いつか金利が上昇すれば日銀にも民間金融機関にも、大変な打撃をおよぼすのである。

とめどなく増えるばかりの借金が消費減を招く

　わが国政府の借金増の問題点は、そればかりではない。すでにボディーブローのように、わが国経済に負の影響を与えている。どういうところにか？消費に、である。消費が伸びないのだ。

　先に述べたように、米国でも家計債務の増大は深刻な状況にある。しかし救いなのは、米国では個人消費は伸び続けているのだ。リーマン・ショック後もおおむね年率二％増くらいで推移している。二〇一八年七月―九月期は、前期比年率プラス四・〇％と、好調だった前期（一八年四月―六月期、プラス三・八％）からさらに加速した。

　一方、わが国の家計消費が伸びないのは読者の皆様も実感されていることと思う。折れ線グラフにしてみると一五五ページの通りだ。時々「消費税を上げると個人消費が落ち込む。それではかえって税収は伸び悩むから、上げるべきではない」という声を聞くことがある。しかし、このグラフで明らかなように、家計消費は消費税云々とは関わりなく「趨勢として」落ち込んでいるのだ。なぜか？　少なからぬ読者もお感じなのではないだろうか——将来不安である。

二〇一六年秋に朝日新聞が主要企業一〇〇社を対象に「消費低迷の主な原因」を問うたところ、もっとも多い回答は六五社が挙げた「人口減や財政難など日本の将来への不安」であった。少子高齢化で現役世代は減り、高齢者ばかりが増える。社会保障に充てられるはずの消費税はなんだかんだ理由を付けて一〇%への税率アップは二度も延期された。国の借金は増えるばかり。政府は公的年金「一〇〇年安心」というが、本当にそうなのだろうか……。将来に備えて、お金はなるべく使わないで貯蓄に回そう——多くの国民の偽らざる心境ではなかろうか。先の朝日新聞のアンケート調査の結果は、それが端的に表れたものだと言えよう。

読者の皆様の中には、「朝日新聞の誘導的アンケート調査なんて信用できるか」と言われる保守派の方もいらっしゃるかもしれない。しかし、かつて安倍

2人以上の世帯の消費支出

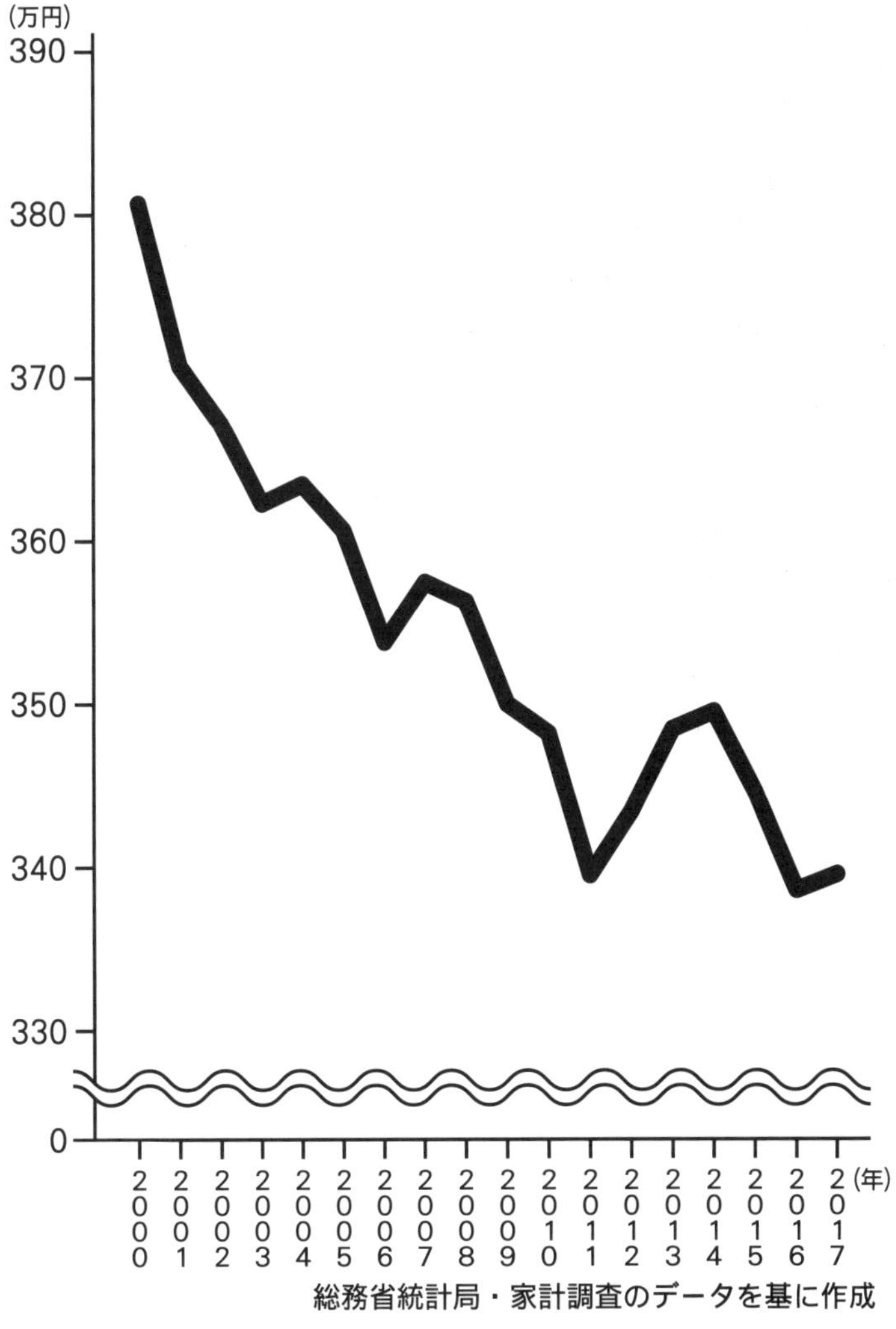

総務省統計局・家計調査のデータを基に作成

首相が国会で「熟読して」と言った読売新聞も、同じ問題意識なのだ。二〇一八年一月三〇日付読売新聞は、「点検アベノミクス」という連載記事の中で「脱デフレを阻む将来不安 社会保障の財源確保不可欠」と大見出しで訴えている。記事から一部抜粋しよう。

目標とするデフレ脱却への大きな壁となっているのが、国民の間に強まる将来の社会保障への不安だ。(中略)

国債(国の借金)残高は(中略)膨張する社会保障費を賄うためバブル崩壊後に急激に伸び、一七年度末に八六五兆円に達する見込みだ。現在の社会保障制度を将来も維持できるのか、国民の不安をかきたてる要因となっている。(中略)

これが解消されなければ、今年の春闘で高い賃上げが実現しても国民は貯蓄を積み増すだけで、消費拡大とデフレ脱却につながらない懸念がある。

経団連の榊原定征《さだゆき》会長は今月二三日、連合幹部との会談で、「国民の間に残っている将来不安、その大きな要因となっている社会保障制度の持続性の問題を（政府には）しっかりやっていただく」と語った。
（読売新聞二〇一八年一月三〇日付）

同じく、安倍政権を応援するスタンスが強い産経新聞。二〇一八年九月一五日付紙面で「リーマン一〇年 アベノミクスで経済復活」と大見出しで謳いながらも、小見出しで「伸びぬ賃金 財政悪化も」と付けざるを得なかった。記事本文中では、「二九年の二人以上の一世帯当たりの消費支出は二八万三〇二七円で二一年（二九万一七三七円）に届かない」と、アベノミクス下で消費が減少している現状を伝えている。これはすでに先のグラフで見た通りだ（注：この記事は月額で先のグラフは年額なので、この数字の一二倍になっている）。

日興リサーチセンターは、二〇一七年一一月、理事長室研究レポートとして「低迷する消費」を公表したが、消費低迷の原因としては、「賃金・所得の伸び悩み」と「将来への不安」があるとし、家計の将来不安を払拭するためには政府が責任ある形で説得力のある税・社会保障のプランを明示し、それを前提に家計（消費者）が長い目で見た生活設計を組み立てることができるようにすることが大事であると提言している。極めて真っ当である。

消費を増やすためには、国民の将来不安を解消せねばならない。そのためには、消費増税をいつまでもぐずぐずとためらっているのではなく、むしろはっきりと消費増税スケジュールを示し、社会保障財源は安心であるというメッセージを送るべきではないかと私も考える。ついでに言えば、キャッシュレス決済した場合のポイント還元だとかの小細工も不要である。

アベノミクスは社会主義化政策

そういう小手先の話ではなく、大本の議論からすると一般に「右派」と言われている安倍政権の経済政策――「アベノミクス」は、決して右派ではない。

読者の中には「えっ?」と思われる方もいるであろうが、そうなのである。冷静に考えれば誰もがわかる、簡単な話なのだ。

その辺りについて、帝京大学経済学部教授の宿輪純一氏が二〇一七年一一月二三日付『現代ビジネス』においてわかりやすく説明している。タイトルは、「ようやくわかった。アベノミクスとは『社会主義化』のことだった」。小見出し「財政再建に逆行する大きな政府」から一部引用しよう。

安倍政権は（中略）最近、財政赤字の改善に使う予算を、気前よく幼稚園等の無償化や大学教育の支援など、社会的に手厚い支援を推進することに回してしまった。終戦直後、かつての英国労働党が打ち出した「ゆりかごから墓場まで」といった政策に近くなってきている。

米国との比較では、安倍政権は、トランプ政権や、歴代の共和党政権のような位置付けで小さな政府を目指すものと考えていた。が、まったく逆で米国の民主党の様に大きな政府を目指しているようであ

る。（中略）

経済学者マルクスが言っていたのは私有財産制をとると資本が集中したところに独占が生じてしまうので、私有財産制と利潤の追求をやめ、個人や企業にではなく、国や地方公共団体・協同組合などに生産手段を公有（社会的所有）させることであった。

社会主義経済においては、工場・生産用機械などは全て国が管理し、国全体の経済活動を政府が管理する。国民は全員、国営企業で働き、給料を国が国民に平等に分配することにより、貧富の差、つまり格差を無くしていくものである。

逆にこれだけ社会主義的な経済政策を取れば、左派政党はお株を奪われた形になり、弱体化するのも分かる。今後も、アベノミクスはより社会主義的な政策を進めるのであろうか。

（現代ビジネス二〇一七年一一月二三日付）

宿輪氏の指摘は、経済政策の面から言えばもっともである。アベノミクスはまるで社会主義化を目指しているかのようなのだ。そしてお株を奪われた左派は、危機感を感じて最近（二〇一八年五月）こんな本を出した。『そろそろ左派は〈経済〉を語ろう』（ブレイディみかこ・松尾匡・北田暁大著　亜紀書房刊）。

この本の中で現代に生きるマルクス経済学者である立命館大学経済学部教授の松尾匡氏は、アベノミクスについて次のように語る。「もともと欧州では左派がこういう『金融緩和＋財政出動』の経済政策を提示していたはずなのですが、日本では右派の安倍政権がこの政策を掲げてしまったので、妙にイデオロギー的に歪んでしまったところがあるんですよね」。同じく左派の東京大学大学院教授である北田暁大氏は、同書の中でこのように危機感を訴える。「日本では右派の安倍政権がある意味で『左派的』な経済政策を提唱して、なぜか左派がそれを『バラマキだ』『バブル（インフレ）誘導だ』と言って緊縮主義的に批判するという構図が強固に出来上がってしまいましたが、経済政策が政治的対立に従属している悪夢的状況です」（同前）。

アベノミクスの社会主義化——私の部下が安倍政権ブレーンであるシンクタンクの勉強会に出席したことがあるのだが、そこで少子化対策について議論した時の話だ。講師はこのように主張した。「わが国の家族関係支出は、出生率の高いフランスやスウェーデンなど欧州諸国の四割程度の低い水準であるから、少子化対策としてこういった国並みに家族関係支出を上げる必要がある」——宿輪氏も指摘していた「ゆりかごから墓場まで」式の社会保障、アベノミクス用語で言えば「全世代型社会保障」というやつだ。

そこで出席していた私の部下は尋ねた。「財源もフランスやスウェーデン並みに、消費税率は二〇〜二五%にするというお考えですか?」答えは、「そんなこと、政治的にできるわけがないでしょう」。そして別の講師はこうも言った——「所得税とかを考える」。消費税は全国民に関わるから、消費増税は全国民を敵に回すことになる。よって、政治的にそれはできない。所得税の累進をきつくしての所得税増税であれば、金持ちたたきだからウケはよい。手厚い社会保障を持てる者からの税金でやろうというのだ。

これはどう考えても左派ではないか。国が大きく国民の生活に関与して手厚い社会保障をする欧州式が社会民主主義なら、それ以上に私有財産に否定的なこのような経済政策は、確かに社会主義を目指していると言っても過言ではなかろう。個人的考えを言えば、社会主義的な大きな政府よりも、自由主義的な小さな政府を志向する政策を支持する。それは、活力のためである。

私はかつて『勝ち組の経済学』（小学館文庫刊）という本を著したことがあるが、経済的に成功した人に間違いなく共通しているのは、人並みならぬ努力である。努力した者のみが富む。その努力の結果を無にするような政策を私は支持しない。そんな政策がどんどん進んで行けば、日本は怠け者の天国になってしまう。「働かざる者食うべからず」は、かつての共産主義陣営の盟主・ソ連の憲法にだって記載されていたのだ。

今のように、「なんでもかんでも、国が面倒をみますよ」という経済政策を採って行けば、国民には国がお金を出して当たり前という考えが染み込んでしまう。そんな意識になってしまった民は、もはや国民ではない。国民とは、国という共同体を支える民であるはずだ。たかり精神に侵された民ばかりの国は、亡びるしかないであろう。宿輪氏も先の論考の中で、こういう政策を行なう「政府自身の持続可能性はどうなのであろうか」と疑問を呈している。

世界的バブルは、いつか弾ける。その時起こるのが〝恐慌〟である。この本は、そこに焦点を当てたものだ。しかし、その先には国家破産が待っている。その理由が今述べた、国民に負担を求めずに大きな政府を志向して行く政策だ。そんな経済政策・社会保障制度が持続可能であるはずがない。いつか必ず、何らかの形で破綻は顕在化する。私が「恐慌経由国家破産」の危機を訴えるのは、決して根拠のないあおりではないのである。

全国の地銀がスルガ銀と五十歩百歩

わが国における膨張する債務の最大の問題は、政府債務にあることは今まで述べてきた通りだ。ただ、異常な低金利下では、政府債務以外にも異常な債務が膨らんでしまった。実体経済においては行き場のないマネーが、異様なローンに向けられて行ったのだ。

異常な金融緩和――わが国では民間銀行が日銀に預ける当座預金の一部にマイナス金利まで適用した。これでは民間銀行は日銀に〝おカネを預けると金利を取られる〟ことになる。そうでなくても、これほどの超低金利状況は民間銀行にとっては大変な逆風だ。二〇一七年末の銀行貸出金残高のうち、金利ゼロ%台の融資は実に全体の六二%を占めるまでになっている。

銀行は何で食っているかというと、基本的には預金で集めたお金を貸し出して、その利ザヤで食っている。かつてのように金利が存在した時代であれば、預金者には三%とか五%とかの利息を払っても、それで集めたお金を五%とか七%とかで貸し出して、利ザヤを取ることができた。ところが今は、預金者には〇・〇〇一%の利息しか支払っていないが、貸出金利もゼロ%台なのだから利ザヤがまったく取れないのだ。

そこで登場したのが、「かぼちゃの馬車」事件の言わば〝共犯者〟であるスルガ銀行スタイルだ。アパートローンである。スルガ銀行に行政処分が下されたのは二〇一八年一〇月五日であるが、私はこのアパートローン問題に関しては、スルガ銀行の不正融資が大きく報じられるかなり前から警鐘を鳴らしてきた。

以下は、『二〇二〇年世界大恐慌』（第二海援隊刊）で書いたものであるが（原稿執筆は二〇一八年四月上旬）、一部再掲したい。

人口が減るのに増え続けるアパート建築

日銀がマイナス金利を導入した二〇一六年、不動産融資は前年比で一五％も増えて一二兆二八〇六億円となり、統計のある一九七七年以降で最高を記録した。バブル期を超えたのだ。その中のアパートローンを見てみると、前年比なんと二一％増。一六年の貸家着工件数も四一万八五四三件と、八年ぶりの高水準に達した。これは、五年連続の増加である。

しかし、人口減少の日本で、そんなにアパート・貸家を建てて大丈

夫なのだろうか？　もちろん、大丈夫ではない。（中略）

不透明な融資実態――そう、確かにメチャクチャな融資が行なわれていた。そうでなければ、こんなにアパートローンが増えるはずがないのだ。アパート経営の経験のまったくない人を対象に「フルローン」（自己資金ゼロで諸経費を含めたすべての購入費用をローン貸し出し）や「オーバーローン」（物件価値を上回るローン貸し出し）といったルール無用の融資が行なわれていた。

さすがに日銀と金融庁はこれは問題だと判断し、二〇一七年からアパートローンに対する引き締めを行ない始めた。アパートローン残高も、一七年六月に二二兆円台に乗せてからは、ほぼ横ばいとなった。

金利をマイナスにしてまで銀行に貸し出し圧力をかけた結果が、アパートバブル。そして今度は、その火消しに動く。日銀がやっていることは、まさに「マッチポンプ」そのものである。

（『二〇二〇年世界大恐慌』〈第二海援隊刊〉）

改めてこれを読まれておわかりの通り、ひどいアパートローンを行なっていたのはスルガ銀行だけではないのだ。全国の銀行、とりわけ地銀だ。「かぼちゃの馬車」事件以降、マスコミも多少その問題点を指摘し始めている。

たとえば、二〇一八年六月二六日付日本経済新聞は、連載記事「地銀異変」の第一回目を「スルガ銀だけじゃない」という見出しで報じているし、二〇一八年五月二一日付産経ニュースは、やはり連載記事「金融異変～地方銀行の苦悩」の一回目として「シェアハウスで八六〇〇万円を借りた…アパートローンに群れた地銀」と伝えている。

そこでは、地銀の異様な融資実態が明らかにされている。前記の日本経済新聞「スルガ銀だけじゃない」には、このような記述がある。

「起こりえないことだ」。全国地方銀行協会会長（当時）で千葉銀行頭取の佐久間英利（六五）は五月一六日の記者会見でこう断じたが、スルガ銀行だけの問題なのか。

都内の不動産営業マンは五月、アパートやマンションへの投資ローンでも改ざんは多いと証言した。例えば、実際の取引額は一億円なのに、一・三億円に水増しした売買契約書を銀行に出し、多額の融資を引く。ふかしや二重丸と呼ばれる手口は「客の多くが求め、銀行は見て見ぬふりだ」。（中略）

異様なのは、違法な審査資料の改ざんや、グレーな法人スキームを封じる手立てはあるのに、黙認ともいえる姿勢で融資を重ねた銀行の姿だ。融資した行員の業績評価は上がるが、数年で転勤。後任は過去の不正行為を見破るより、新規融資に走る。こうして不動産融資の病巣は広がっていく。経済評論家の山崎元は「スルガ銀行の問題は氷山の一角だ」とみる。

（日本経済新聞二〇一八年六月二六日付）

産経ニュースも「スルガ銀だけではない」と断じる。意外に感じる読者もいるであろうが、二〇一八年八月末段階での全国銀行のアパートローン残高は二

二兆八二一六億円であるのに対し、地銀と第二地銀のアパートローン残高合計は一四兆六九五九億円。全国残高に占める比率は、なんと六四・四%にも達し、都市銀行全体の二倍近い。産経ニュースの見出しにあるように、まさに「アパートローンに群れた地銀」なのだ。

人口減少が著しい地方を拠点にする地銀。どうしてそういう地方でのアパート経営に希望が持てるだろうか。持てるはずはないし、うまく行くはずがない。しかし融資の実績を上げねばならないから、アパートローンに走る。たとえ、不正をやってでも……。こうして膨らんだ地方の多額のアパートローンの行き着く先はどうなるのか？　こんなメチャクチャなアパートローン融資は、必ずや巨額の不良債権を生むことになるだろう。

スルガ銀行に行政処分が下された翌日の一〇月六日、新聞各紙はスルガ銀行の今後の道筋が極めて厳しいものになるであろうことを伝えた。中でも、産経新聞は不良債権と貸し倒れ引当金の額に踏み込んで報じていた。

それによれば、スルガ銀は焦げ付きによる不良債権増大リスクに備えて、平成三〇年三月期決算で五八七億円の貸し倒れ引当金を積み増し、最終利益は前年同期比八割減となった。しかし、そんなものでは到底済まないであろう。産経新聞は、六月末ではさらに貸し倒れ引当金を積み増して八七〇億円にしたと報じた上で、「どこまで膨らむかは見当が付かない」と結論付けている。

各紙が報じた第三者委員会の調査報告書によれば、スルガ銀の行員からは「一〇件くれば、一〇件はどこかしらに不正」「不正がまったくない案件など、全体の一％あったかなかったかそのレベル」といった行員の生の声が寄せられており、確かに不良債権がどこまで膨らみ、スルガ銀をどこまで蝕んで行くかは予想だにつかない。

九九％が不正融資、どこまで膨らむかわからない不良債権……。「地銀の優等生」と言われたスルガ銀のあきれ果てた実態には驚く他ないが、スルガ銀行ほどひどくないにしても、多くの地銀が五十歩百歩なのだ。

二〇一八年八月三〇日、ムーディーズ・ジャパンは、スルガ銀行の長期預金格付けを「A３（シングルAマイナスに相当）」から「Baa１（トリプルBプラスに相当）」へ一段階引き下げ、さらに格下げ方向での見直しの対象とした。一体、どこまで下がるのか……。

さらに、原稿締切間際の一一月七日、スルガ銀行に関する新しいニュースが飛び込んできた。二〇一八年九月中間決算が、予想されていた一二〇億円の最終利益（前年同期比四三・三％減）からさらに大幅に悪化。一〇〇〇億円規模の赤字に転落する見通しとなり、多額損失を招いたとしてスルガ銀行は元会長ら旧経営陣を提訴し損害賠償を求める方針を固めたという。一体、どれほどの額の損害賠償になるのだろうか……。メチャクチャな貸し出しに走ったツケは、あまりにも大きい。

返済能力を問わない銀行カードローンも急増

アパートローンには全国の地銀が群がったのだから、この「かぼちゃの馬車」事件によるスルガ銀行の格下げや旧経営陣の提訴などはまだ序章に過ぎず、全国の地銀に波及する可能性が高い。さらに言えば、地銀が走ったのはアパートローンだけではない。とにかく高い利益を上げなければいけないのだから、他にもいい加減な融資やハイリスクの有価証券投資に足を踏み入れているのだ。

先にも一部引用した産経ニュース「シェアハウスで八六〇〇万円を借りた…アパートローンに群れた地銀」のラスト部分を見てみよう。

金融庁の調査によると、地域銀行（地銀、第二地銀、埼玉りそな銀）の平成二九年三月期の不動産、貸家業への貸出額は前期より約三兆円増えた一方で、製造業向けは数千億円規模で減少。（同庁は）「アパートローンを含む不動産融資、高リスクの有価証券運用の拡大などで足元の利益を確保する動きが広がっている」と分析する。派手な宣伝を展開していた銀行カードローン融資の貸出残高も地域銀行が四四・八％を占め、二兆近くある。

「中小企業の支援の費用を賄うためには結局、どこかで稼がなくてはならない。きれいごとでは済まされない」。ある金融機関のＯＢはこう語る。

不適切な融資が発覚したスルガ銀。不祥事は同行だけの問題だが、超低金利時代の苦境の中で、異変が起きる地銀の姿をあぶり出している（傍点引用者）。（産経ニュース二〇一八年五月二一日付）

「アベノミクスは成果を上げている」と政府は言う。確かに、株価も上がったし、失業率は下がった。民主党政権時代よりは良いだろう。しかし、経済の血液と言われる金融の実情はこうなのだ。地銀の製造業向け融資は大幅に減少。つまり、実体経済の代表である製造業は、人口減少が著しい地方では資金需要がないのである。しかし「どこかで稼がなくてはならない」から、アパートローンや銀行カードローンといった融資に走らざるを得ない。

元々のアベノミクスの「三本の矢」は、「大胆な金融（緩和）政策」「機動的な財政政策」「投資を喚起する成長戦略」であった。しかし、この中でもっとも効果が顕著であった大胆な金融緩和政策は、はからずもわが国の地方経済の先行きがにっちもさっちも行かないことを明らかにしてしまっているのだ。地方には真っ当な資金需要などないから、メチャクチャな貸し出しに走らざるを得ないのである。

アパートローンと共に、地銀が融資を大きく増やした銀行カードローン。その実態を二〇一七年四月一二日のＮＨＫ「クローズアップ現代＋」が報じている。タイトルは「若者もシニアも破産急増⁉　銀行カードローン」。

番組ではまず、「安心と利便性を売りに急拡大している銀行カードローン。貸付残高はこの五年で六〇％増の五兆四三七七億円」とその概要を説明した上で、高金利や返済能力を超えた過剰融資で自己破産に陥る人も急増している実態を伝えた。以下は、番組で紹介されたある女性の実例である。

「どれくらいの借り入れがあったか、教えていただけますか？」

五〇代　女性：「これが五〇万円。こちらが二冊で一三〇万円。四社ですね、合計すると二二五〇万円くらい」。

　女性の年収は二〇〇万円。四つの銀行から借りたカードローンの総額は、それを大幅に上回っていました。七年前に銀行カードローンを利用し始めた女性。きっかけは、夫との離婚。引っ越し代などの急な出費をパート収入だけでは、まかなえませんでした。その時、テレビのCMで見たのが地元銀行のカードローンでした。

五〇代　女性：「消費者金融っていうのは、金利が高いとか取り立てが怖いとか、怖いイメージがあったんですけれど、銀行は怖いイメージがなかったんですね」。

　銀行窓口で免許証を提示し、年収を申告。それだけで、専用のカードと通帳を渡されました。そのカードを使って、銀行ATMから借入金を引き出す仕組みです。これが実際の契約内容の確認書。五〇万円を利率一四・八％で借り毎月一万円ずつ返済する契約でした。

　女性の通帳には、毎月きちんと返済していた記録が残っています。

しかし、その半分以上が利息の支払いに充てられ、返済はなかなか終わりませんでした。四年後、息子が高校に進学すると、学費の支払いに苦しむようになります。女性は別の銀行から一〇〇万円を借金。すると、意外なことが起きます。

五〇代　女性：「その三か月後ぐらいに、また貸してくれるっていうダイレクトメールが来て、一番最初の銀行も完済していないし、無理だろうなと思ったんですけど、ダメ元で申し込んだら、三〇万円、借りられたんです」。

銀行からの誘いもあり、女性は次々と借金。借入総額は、年収を超える額まで膨れ上がっていきます。働き始めた息子の給料も銀行への返済に充てましたが、借入金を減らすことはできませんでした。そして去年、自己破産の申し立てを行いました。

（ＮＨＫクローズアップ現代＋二〇一七年四月一二日放送）

相手に返済能力があるかどうかを問わないという融資――これが銀行カードローンの実態なのである。ここまでして融資実績を上げねばならない、それが今の日本の銀行の追い詰められた現状であるとも言える。

このスルガ銀行の不正融資に象徴される地銀の危機は、まだ始まったばかりで序章なのだ。それは、他ならぬこの人が断言している。黒田東彦日銀総裁だ。二〇一八年一一月五日、黒田総裁は記者会見し、「いずれ大きな課題が持ち上がってくるのは事実だ」「地銀などの経営が深刻化するのは五～一五年後」と述べたのだ。メチャクチャな融資をするしかないところまで追いつめられている地銀だが、今はまだ「大きな課題が持ち上がって」はいない段階、まだまだ「深刻」ではないと黒田総裁は言っているのだ。

これから、五年、一〇年、一五年、地銀はメチャクチャな融資によって生み出された不良債権処理というマイナス処理に追いまくられるであろう。さらに、金利が上昇すれば、先に述べたように保有する国債などの債券には巨額の評価損が発生する。その一方で、収益を上げるための貸出先は細るばかり……。黒田総裁は構造改革の必要性を訴えたというが、一体どうすればよいというのか。日本で、史上最大の借金を生み出す先兵となってメチャクチャな貸し出しに狂奔した地銀に、未来はない。

わが国の地銀だけではない。異常な金融緩和状況下で、投機に流れメチャクチャな融資に流れたマネーは、効率など考えて貸し出されたわけではないから回収不能・焦げ付きは必至である。つまり、世界中で巨額の不良債権が続々と発生する。すると、金融危機が起こる。

その阿鼻叫喚が始まるのは、五年後、一〇年後などといった悠長な話ではない。本章で見てきたように、異常な債務というマグマは溜まりに溜まっているのだ。私はそのタイムターゲットは、二〇一九年後半から二〇年のどこかであると見ている。

第七章　二〇二〇年から数年かけて起きること

マーケットでは特に、多数派を疑うことが大切だ。
多くの投資家は正しく考えることができていない。
ブル（強気）ばかりを見て、ベア（弱気）を無視してしまうのだ。

（ジム・ロジャーズ）

世界中で出現した〝不思議な光景〟

この本を手に取ったほとんどの方は「自分の人生を根本から変えるような世界大恐慌がやってくる‼」とは夢にも思っていないだろう。しかし、世界史の年表を少しめくってみればわかるが、人類の歴史はまさに「戦争と恐慌の歴史」なのだ。わずか一〇年前には〝一〇〇年に一度の危機〟と言われた「リーマン・ショック」が世界経済を破滅の淵寸前まで追いやっていたし、その八年前の二〇〇〇年には「ITバブル崩壊」が投資家たちをパニックに陥れていた。

その二回の恐慌を経て、今、世界経済は前代未聞の状況に陥っている。史上初の超ハイパー低金利（一時はマイナス金利まで登場）によって人々は借金をしまくり、今や世界全体の借金の総額は二京七〇〇〇兆円というまさに天文学的水準に到達した。

その溢れたマネーが至るところでバブルを膨張させ、不思議な光景がいくつも出現している。たとえば、世界の中心から遠く離れた南半球のニュージーランドでは、人類史上まれに見る不動産バブルが発生し、いよいよその最終局面に達している。人口一〇〇万の最大都市オークランドでは移民の増加もあいまって、東京都心より住宅価格が高いという、ウソのような状況となっている。

毎年ニュージーランドに通って不動産価格の定点観測をしている私は、そのあまりの異常さにここ数年は遠くから傍観することにしている。二年ほど前、現地の不動産から聞いた話によると、二〇一六年の二月にオークランドの都心から車で二〇分の高級住宅街ノースショアの中規模の住宅（あくまで豪邸ではない）が二二ミリオンで売れたという。二二〇〇万NZドルという意味である。一NZドル＝七五円として一七億円ということになる。世界最大の都市・東京（周辺も入れて首都圏ということで言えば、三〇〇〇万人で世界一）の高級住宅街である世田谷区成城ですら、その程度の家は三～四億円くらいである。

さらに、大都市でもない人口わずか二万五〇〇〇人のクイーンズ・タウン（ニュージーランド南島の有名な観光都市）の家も東京より高い。というより驚くのは、この二〇年間でこの小さな町の不動産価格が二〇倍になった点だ。ちょっと比較が大ざっぱだが、日本の八〇年代のバブルでは五～六年で東京の不動産価格は約三倍になった。そしてご存じのように、その後大崩壊した。

銀行は、取り上げた東京・新宿の甲州街道沿いのあるペンシルビル（間口の狭いヒョロリとした小規模ビル）を、不良債権でニッチもサッチも行かなくなった時、小規模案件をまとめて外資のハゲタカに売却したのだが、その時の値段はなんとバブルピークの一〇〇分の一だったという。九八～九九年頃の出来事である。これに似たことが、今後ニュージーランドで起きるかもしれない。

ここで読者が腰を抜かすようなコトを言っておくが、今後起きる（といっても一〇年先ではない。そのスタートは二年以内だ）世界恐慌では、ニュージーランドの地元の銀行（たとえばＡＳＢ）だけでなく、世界中のすべての銀行がとんでもない危機に見舞われることとだろうということだ。ひょっとすると、世界中すべての銀行の二分の一が潰れるかもしれない。

実際に、九〇年前の一九二九年から始まった前回の世界大恐慌では、その震源地米国においては全銀行が封鎖され、二分の一の銀行が潰れ、そこにお金を預けていた人は全財産を失って途方にくれた。今や、日本では都銀ですら安全ではなく、ここ数年の低金利と貸出先の低迷で活路を海外に求めて膨大なお金を海外に貸し込んでしまった。恐慌ともなれば、海外に貸したお金は基本的にほとんど戻ってこない。みずほ、三菱ＵＦＪ、三井住友といった邦銀の雄ですら、取り付け騒ぎに見舞われるかもしれない。

カナダ・オセアニア連合か、中国か

いずれにせよ、今回の大恐慌の引き金を引くのは、①オーストラリア、ニュージーランド、カナダ連合か、②中国だ。オーストラリアとカナダではニュージーランド以上の不動産バブルが発生しており、家計（個人）が背負っている借金のＧＤＰ比も異常なレベルにある。かつてリーマン・ショックの直後、アイスランドが金融危機に陥り、海外から集めていたお金をほとんど踏み倒した（デフォルト）例があるが、これら三ヵ国も今後そのようなことになる可能性が高い。

私は世界一の環境と素晴らしい景色付きの不動産と差別のない国家として、ニュージーランドの不動産投資や銀行口座開設を人々に勧めてきたが、今は一旦手を引くべき時期だ。ニュージーランドの不動産は、今は絶対に買ってはいけないし、逆にもしあなたがニュージーランドの不動産を保有していたら、十分値上がりしていることだろうから即刻売り飛ばした方がよい。

また、ニュージーランドの銀行口座そのものは維持して保有しておいた方がよいが、もし、そこにそれなりのお金を入れてあるのならば、今すぐ半分を日本に戻すべきだ。私は、最近会員向けの「経済トレンドレポート」で、ＡＳＢ（ニュージーランド最大の都市の代表的銀行）やＡＮＺの口座に預けている預金の半分を日本に一時的に避難させろという「緊急警報」を出した。数年後にニュージーランドとオーストラリアの全銀行が潰れるか、潰れたも同然の状態になる可能性が出てきたためだ。

では、日本に戻したお金はどうすべきか。そのうちの四分の一は、円の現金で自宅または安全な貸しBOX（銀行の貸し金庫は絶対ダメ）に保管、次の四分の一は米ドルの現金にして同じように安全なところに保管。さらに三番目の四分の一は金（ゴールド）の現物にする。そして最後の四分の一はダイヤモンドの現物にする（ダイヤモンドをデパートの三分の一以下で買うノウハウについては第二海援隊の「ダイヤモンド投資情報センター」にお問い合わせいただきたい。問い合わせ先：〇三―三二九一―六一〇六）。

では、ニュージーランドの銀行口座に残した二分の一についてはどうしたらよいのか。とりあえず、円と米ドルに分けて短めの定期預金にしておくとよい。そしかも、もし本当に状況が悪化してきたら全額日本に引き揚げた方がよい。その場合でも、ニュージーランドの口座はそのまま維持しよう。そして、状況が安定化したらまたニュージーランドに戻せばよい。その次は日本の銀行口座が国家破産により被害を受ける番なので、日本にずっと置いておいてはいけない。そのタイミングその他については、私が発行している「経済トレンドレポート」

で随時流すので、ぜひ参考にして欲しい（二八二ページを参照）。

　では、②の中国はどうか。中国の状況を知るためには、その尻尾にあたる香港の状況を見るのがよい。第一章で述べたように、香港のオークションでサントリーウイスキー「山崎」の限定版（日本での時価一〇〇万円）が三〇〇〇万円で売れている。まさにバブルである。元々香港は、ここ二〇年ほどの間にリーマン・ショック直後の二、三年を除いて不動産が異常な高騰を続け、二年ほど前に香港島の山頂近くのミニ豪邸が一〇〇億円近い値段で売られて世界的ニュースとなった。この異常な高騰の背景にあるのは、もちろん中国本土の巨大マネーである。

　そのメインランド・チャイナでも、異変が起きている。二〇一八年の冒頭から北京や上海といった一級都市ではなく、日本人の誰も名前すら聞いたことのないような三級、四級都市の不動産が暴騰しているのだ。中には人口が減少し始めている田舎町まで含まれており、まさに〝異様な状況〟だ。

　しかも二〇一八年の春以降、トランプが中国に対して貿易戦争を仕掛けたために、企業倒産の増加と景気の急激な悪化に窮した習近平がついに禁じ手に手を染めた。それまでの金融引き締めから方針を大転換し、極端な金融緩和と大盤振る舞いのバラ撒きを始めたのだ。なり振りかまわぬその姿に、今の中国が陥ったジレンマと本当の状況が見て取れる。

投機好きの中国人民相手に、習近平率いる超独裁政権はこれまでなんとかその矛盾と傷口を押さえ込んできたが、トランプの暴発によって追い込まれた習近平らはやってはいけない〝最後の手〟をくりだしてしまったのだ。さすがに、株には先見性があるため上海株は下落基調だが、行き場を失ったマネーが不動産へと一気に押し寄せたのだ。中国中の不動産が二〇一八年九月頃から上がり始めており、〝最後のバブル〟とその後の崩壊へ向けて万歳突撃を始めたのだ。

以前から私が様々な書籍やレクチャーで述べている通り、今、世界の覇権は米国→中国へと巨大な地響きを伴って移動しつつある。前回の覇権の移行（二〇世紀前半に大英帝国→米国へと移った）を見てもわかる通り、次の大国である米国発の株価暴落が引き金となって世界大恐慌へと突入し、しかもその中でも米国が一番ひどい経済的損失を被り、株価は八分の一以下となり、全銀行の閉鎖にまで追い込まれた。そこから考えても、もし中国が次の覇権大国だとすると（このことに異論をはさむ人はまずいないだろう）、次の世界大恐慌は中国発であり、その結果、中国が一番手ひどい目に遭うことだろう。

そのことを習近平が認識しているかどうか、私にはわからない。だが、これは歴史の必然であり、中国は一〇年（または二〇年）の間、死んだも同然という状況に陥るはずだ。中国の金融システムもボロボロになるだろう。

そして、これは他人事ではない。世界の工場であり、世界経済成長の牽引役であり、そして世界一の巨大マネーを保有する国がそうなったら、日本および世界はどうなるのか。考えるだに恐ろしい。

予測される今後のシナリオ

ひょっとすると、シナリオは以下の通りになるかもしれない。まず、オーストラリア、ニュージーランドおよびカナダの不動産が暴落し、それと前後してNYダウも急落する。それを合図として、中国の不動産が前代未聞の暴落トレンドに入る。そこで、まず火がつくのが中国の地方政府だ。彼らのすべての支えは不動産価格であり、それが暴落すれば、それでなくとも以前から不良債権を抱えて不都合な状況に陥っている地方政府は次々に破綻する。それが中国全土をパニックに陥れ、すべてのものが売り一色となり、やがては取り付け騒ぎが全土で発生して大混乱となる。中央政府でも手が付けられない様相を呈した段階で、ついに習近平は覚悟を決めて預金封鎖を断行する。

その頃までに、世界経済はどうなっているのか。この中国のパニックと連動して世界中の株価が暴落するが、その中でも一番下落の仕方がひどいのが長年上がり続けてきた米国株で、NYダウはパニック的に売られ、ナスダックに至っては底無しだ。あのアマゾンでさえ、というよりあれほど上がったアマゾンだからこそ、下げ始めると誰もが予想もしていなかったレベルにまで暴落するだろう。株価の下落の本格的スタート地点を二〇一九年のどこかとすると

（私はそう予測している）、その二年後の二〇二一年のどこかでアマゾンは最高値の四～五分の一（あるいはそれ以下）で大底を打つだろう。その大底でアマゾンをうまく買えた人は、大資産家となれるはずだ。

株価は、世界的に二〇一九年のどこかで本格的暴落トレンドに入り、二〇二〇年から二一年には大底に達すると私は予想している。ただし、不動産は時間がかかるので、大底を打つのは二、三年後の二〇二四年頃かもしれない。もちろん、日本の不動産価格も大きく下がるはずだ。東京・山の手線内の便利なマンションはまだよいが、地方の中途半端な物件はまったく売れなくなるだろう。

そして一番怖いのは、これが日本国の国家破産（時間差をおいて二〇二五年頃）の引き金となることだ。日本は「恐慌」経由「国家破産」行きという、誰も止められない暴走特急列車と化すことだろう。

ここまで読んでもピンとこない読者のために、一つ面白い話をしよう。いまだに世界的に高名なファンドである「クォンタムファンド」――ジョージ・ソロスとジム・ロジャーズが組んでやっていたこのファンドは、年平均利回りが三五％であり、二十数年で元本はなんと二〇〇〇倍になった。もし、あなたが当時このファンドを知っていてスタート時に一〇〇万円投資したら、二十数年後に二〇億円になった計算である。

このファンドにおける市場や世界のトレンドの分析を行なっていたのがジム・ロジャーズなのだが、彼がソロスとけんか別れして同ファンドを去った後、利回りは急激に落ちている。ここからも、ジム・ロジャーズの分析力のすごさがわかるというものだが、そのジム・ロジャーズ（七〇代半ば）が、最近とんでもない発言を繰り返している。「もうすぐリーマン・ショックを超える前代未聞の金融危機がやってくる!!」と。

株、不動産とも奈落の底へ、そして金融大混乱へ

では、本当にこれから何が起きるのか。

二〇一八年一〇月初め、ＮＹダウは突然急落し、二日間で一五〇〇ドルも下

がった。これを受けて日経平均も大幅下落し、数日で一四〇〇〇円も下げるという パニックに陥った。その後日経平均はNYダウとも連動して、一ヵ月で三五〇〇円も下がるという暴落トレンドに入った。

実は、これはこれから起こる株価大暴落は、世界大恐慌の前兆だ。おそらく二〇一九年の後半から（どんなに遅くとも二〇二〇年のどこかから）NYダウと日経平均は前代未聞の大暴落に突入するだろう。

では、どのくらい下がるのか。チャート分析の専門家・川上明氏（江戸時代から伝わるカギ足を使った特殊なノウハウを基にする分析を得意とする）によればNYダウは現在、歴史的天井付近にいるという。ということは、NYダウはもうすぐやってくる世界大恐慌をキッカケとして、長期にわたり壮大な下げトレンドに入るということだ。しかも、第二海援隊戦略経済研究所の関和馬研究員によると、アマゾンなどの入っているナスダック市場は歴史上まれに見るバブルに陥っているので下落のスピードと率はNYダウを上回るだろうという。

では、日経平均はどうか。先の川上氏によると、日経平均は米国株と違い二〇〇九年三月（リーマン・ショック直後の大底）に長期的な大転換をし、一九九〇年のバブル崩壊以来の下げトレンドが終わり、三〇～四〇年の長期上昇トレンドに入ったという。とすると、今回日経平均は米国株に連れ安して大いに下がるが、二〇二〇年か二〇二一年（あるいはもう少し後かもしれない）に大底を打ち、そこから二〇～三〇年の長期上昇トレンドに入るだろう。

このように、日米では株のトレンドがまったく異なるので、その点だけは留意する必要がありそうだ。したがって、もし日経平均の大底を当てられれば、そこで優良銘柄（恐慌でも絶対に潰れないという意味）を選んで買えば、あなたの資産はじっくりではあるが大きく殖えるであろう。また、その大暴落の下落トレンドと大底からの大反発トレンドをうまく利用すれば、あなたは「日経平均オプション」で掛金を一年ほどで数十倍から数百倍にすることができるだろう。この特殊なノウハウについては巻末二七四ページをご覧いただきたい。

さらに不動産であるが、株の暴落と前後して壮大な下げトレンドに入るはずだ。日本の二八年前のバブル崩壊では、株は九〇年二月中旬からトレンドに入ったが、不動産は少し遅れて九〇年一〇月から下げトレンドに入った。それと同様に、今回も多少のタイムラグが生じるかもしれない。不動産の大底は、株の大底から大分長い時間を経てのことかもしれない。しかも、中国、香港、ロンドン、パリから始まって北米のカナダ、そして南半球のオーストラリア、ニュージーランドまで、世界中の不動産は異様なバブルの高みにいる。これが本格的下落トレンドに入った時、世界は阿鼻叫喚の坩堝《るつぼ》と化すことだろう。

このように、株と不動産の同時暴落によって、最終的に世界の金融システムは大変な状況に陥る。

総まとめ――二〇二〇年から数年かけて起きること

株は半年後の景気、あるいは経済を予測して動くと言われるが、二〇一八年九月末から一〇月末にかけての日経平均三五〇〇円急落というのは、まさに次にくる「恐慌の前兆」ともいうべきものだ。

では、その「本番」がやってきた時、何が起きるのか。もう少し詳しく見てみよう。まず株が急落し、それと前後して不動産が世界中で大暴落するのは先ほど言った通りだ。

前述したように、私は二〇一八年一〇月末に本書のために香港に緊急取材に出かけた。世界一高いといわれる香港の不動産について現地調査したが、リーマン・ショック以降ずっと上がり続けていたものが今回の株価急落の影響で久し振りに下げ始めているという最中のことであった。

一日目、別の取材の後に通訳と共に街中で見かけた不動産屋にアポなしで飛び込んでみた。都心（観光で有名な中環）から地下鉄で三〇分ほどの郊外の新築マンションは半年後に完成予定だというが、すでに売り切れているという。そこで二日目、かねてから予約しておいた不動産屋の案内で高級物件を見てまわった。せいぜい一五〇平米の広さのマンションが一〇〜一三億もしていた。日本で一番不動産が高い東京でも、一部屋が一〇億円以上のマンションというのはほとんど聞かない。東京都心の高級マンションでも一五〇平米で二〜三億くらいがいいところだ。平均すると、香港は東京の四～五倍の価格というのが今回の取材の印象だった。現地の人間が「一般の香港人でまともな不動産を買える人は一人もいない」と嘆いていた。

私が見た香港は、おそらく歴史上最高値圏のタイミングだったろう。今後、株価の下落と前後して、その高値の四分の一から五分の一へと大暴落するはずだ。その大底は、一〇年後くらいだろうか。

日本の不動産も無傷ではいられない。私がかつて二〇一五年に『東京は世界1バブル化する！』（第二海援隊刊）を書いてから東京のマンションは二～二・五倍に上昇したが、また五～一〇年かけて元値に戻ることだろう。

でも、日本は世界の先進国の中では一番マシな方と言ってよいかもしれない。今回の恐慌で一番被害が少ないのは、日本と米国だろう。逆に一番ひどい目に遭うのは中国と香港、そしてオセアニア（オーストラリアとニュージーランド）とカナダだろう。特に後者は家計の債務比率（対ＧＤＰ）が歴史上まれに見る異常なレベルに到達しており、しかも三ヵ国とも経常赤字国である。

しかし、オーストラリア、ニュージーランド、カナダはあまりにもひどい不動産バブルなので大変な状況に陥ることは間違いないが、今回の恐慌の主役はもちろん彼らではない。その主役は、間違いなく中国だ。

先ほども述べた通り、現在世界を牛耳るパワーである覇権は米国→中国へと移行しており、この覇権の移行期ほど危険きわまりない時期はなく、まさに、相場が血に染まる時期なのだ。繰り返しになるが、前回の覇権の移行では大英帝国→米国へと力が移行する過程で、第一次世界大戦、世界大恐慌、そして仕上げに第二次世界大戦という未曽有の災害が人類を襲い、多くの人々が全財産を失い、故郷から遠く離れた戦地で非業の死を遂げた。それとまったく同じトレンドが今人類の頭上に到来しつつあるのだ。

前回、次の覇権大国となる米国で何が起きたのか。一九二九年の株価大暴落の直前まで怒涛の二〇年代という前代未聞のバブルにはまっていた。ここ一〇年の中国とまったく同じ状況だ。不動産と株の高騰で人々は狂ったようにマネーゲームに走り回った。ところが一九二九年秋の株価崩壊をキッカケとして大恐慌が米国を襲い、その津波は世界中へと押し寄せて行った。

しかもここで注目すべきポイントは、世界中の国々が深刻な状況となる中でも、次の覇権大国米国が一番ひどい目に遭ったということだ。株価が暴落してから四年後の一九三三年には全銀行閉鎖という前代未聞のことが起き、世界最大最強の資本主義国家の心臓が止まった。閉鎖している間にすべての銀行の財務状況が調べられ、中身が傷んだ約半数の銀行は潰され、そこに預金していた人々の大切な資産はすべて消えた。今回、これと似たようなことが中国で起きるだろう。それが冷厳な歴史上の法則なのだ。

しかし、コトはこれでおさまりそうにない。まず問題の三ヵ国だが、同じように半分の銀行が潰れ、中国同様、一〇年死んだも同然となるかもしれない。ニュージーランドやオーストラリアでは、銀行の取り付け騒ぎが起きるかもしれない。日本は失われた二〇年といわれ、アベノミクスが始まる二〇一二年までの二〇年以上にわたって深刻なデフレ状況にあったが、それと似たことになるだろう。

その日本だが、先ほど世界で一番マシなのは日本だろうと言ったが、日本の都銀などは一見健全そうに見えて実態はそうではない。都銀はここ数年の超低利で収益があがらない中、日本国債からも撤退し、優良な貸出先は現金をもっているため借りてくれず、融資先のないことに困っていた。そこで手を出したのが海外への投融資だ。これを大規模にやってしまった。もし世界恐慌ともなれば、それらが戻ってくる可能性は低い。

地銀は元々ボロボロの状態だが、都銀も大変なことになれば、皆様の預金にとっての一大事がやってくる。その時は「緊急警報」を出すので、ぜひ先ほどの「経済トレンドレポート」の会員にだけはなっておいていただきたい。

いずれにせよ、今後三〜四年の間にあなたにとって人生最大のイベントがやってくるだろう。そこで全財産を失うか、逆手にとって資産を殖やすか。いよいよ正念場だ。

第八章　生き残るために

完全主義では何もできない

（ウィンストン・チャーチル）

資産の防衛能力を鍛えよ！

私たちがこれらから経験する大恐慌は、恐らく人類史上例がないほど過酷で、そして予想をはるかに超えるものになるだろう。そして残念なことに、長い安寧で危機意識を磨滅させた私たち現代人（特に日本人）は、一度想定外と決めてしまったことには何も手を打たないという悪癖があり、そしてその結果として想定外の事態になす術なく巻き込まれて行く。

二〇一一年三月の東日本大震災では、想定をはるかに上回る高さ三〇メートル級の巨大津波が到来し、多くの命と町を呑み込んだ。一一〇〇年前にも同様のことがあり、祖先はその貴重な教訓を残してくれていたにも関わらず、私たちはそれをまったく活かせないでいる。

このことを経済に置き換えると、現在も膨張を続ける天文学的な世界の総債務（約二京七〇〇〇兆円）が引き起こす次の大恐慌は、まさに津波にたとえるなら想定外の三〇メートル級どころか、想像すら受け付けない一〇〇メートル級の終末的破壊力といったところか。おそらくほとんどの人は、そんな高層ビルほどの津波が押し寄せ、それが何を引き起こすかになど思いを致すことはまずない。そして過去の大恐慌と同様に、多くの人々はなす術もなく巻き込まれ、地獄のような経験をすることだろう。

しかし、そんな過酷な状況ですら、生き延びる者は生き延びるのである。いかに大恐慌といえど、人類は絶滅せず、経済も崩壊せず、資産を守り、あまつさえ財を成す人もいる。その違いとは何か。

ひと言で言えば、そうした過酷な状況を想定し、それに応じた行動ができるかどうかである。人類は、酸素もなく、時に灼熱、そして時に極寒となる宇宙空間や、すさまじい水圧と漆黒の闇という海底数千メートルにすら到達した。それを成したのは、その状況を想定し、対策を施したからである。逆に言えば、津波や大恐慌で生き残れないのは、状況を想定できていないからということだ。

では、なぜ大多数の人々は生き残りを想像できないのか。それは、彼らの価値観、考え方、行動様式、ひいては生き方が、簡単に言えば平和ボケしているからだ。一〇〇メートルの津波が到来する環境や、常識が大転換する大恐慌に、人間の側が適応していないというだけのことである。

生き残りとは、「適応能力」である。そして、人間の能力は「心・技・体」の三つで構成される。大恐慌を生き残るための「適応能力」とは資産防衛の能力であり、人間の能力の三要素になぞらえれば「心構え・知識・実践対策」となる。

私は、恐慌や国家破産への超実践的、具体的対策を長年提言してきたが、それは単なる処方箋であって、それ単体では十分な成果には結び付きづらいと考えている。対策を万全なものとするならば、実践にあたってまずあなた自身が生き残りにふさわしい心構えと知識を獲得していなければならない。

資産防衛――「心構え編」

ではさっそく、生き残りに向けた資産防衛の「心構え編」を見て行こう。

「事を成す」には継続的に、前向きに実践することが何より重要である。そのためには、自分を目的へと動かし続ける強い動機付けが必要だ。

心構え①――生き方、考え方を根本から変える覚悟を持て

最初にもっとも重要なことをお伝えする。たった今、この時から自分の生き方や考え方を完全に変えて新たな自分になる決意をすることだ。その決意とは、たとえば「何が何でも資産を守り切って生き残り、そして恐慌後の世界を笑って迎えてやる」といった、確固たるものであることが重要だ。

この決意、覚悟こそがあなたの生き残りの成否の根幹となる。なにしろ相手は、人類が初めて経験するかもしれないほどのすさまじい恐慌である。後段で触れて行くが、時には困難を伴う過酷な判断を下さなければならない局面にも遭遇するだろう。多くの人から恨みを買ったり、陰口をたたかれたりするかもしれないし、それどころか最悪命の危険を伴う可能性すらあるかもしれない。それでも、本気で大恐慌を生き残るというのであれば、最終的に不退転の覚悟

が必要となる。

心構え②――徹底した「倹約のプロ」になれ！

さあ、その覚悟ができたならば、具体的に自分の何を変えるのか。まず徹底した倹約家になることだ。大恐慌が訪れれば、嫌が応でも倹約生活を余儀なくされる。その時になるまでムダの多い生活を送っていたのでは、生活防衛に使える資産をみすみす手放しているようなものである。どうせいずれ倹約することになるのだから、今から主体的にそうした生活を実践すべきである。外食や出来合いの食事を控え、自炊を心がける。食材は無駄にしない。電気・ガス・水道などの無駄使いを排除する。惰性で続けるだけの無駄な趣味をやめる。コンビニの「なんとなく買い」をやめる。家電や衣類は大事に使えるだけ使う……挙げればきりがないほどに、工夫のしどころはある。

たくさんやることがあり過ぎて、何から手を付けてよいかわからないという人は、まず大ざっぱな家計簿をつけることをお勧めする。そして、それぞれの支出項目の月額がわかったら、その三分の二の予算でやりくりするのである。もちろん、削減できるものとできないものが出てくるが、この「工夫をする」という行為こそが重要である。人間は思い込みの動物だから、削れないと思い込むといろいろ理由を付けて現状維持をしがちだ。しかし、初めから「これしかお金がない」ものとしてスタートすると、その中でやりくりをするようになり、意外となんとかなるものである。そのようにして倹約のクセを付けて行くのだ。人にもよるが、最終的には月の支出を三割抑えるところを目指すと、かなりの成果が出せるようになるだろう。

もし、あなたがこうした支出抑制を「ケチ」とか「世間体が悪い」などと考えるのであれば、それは単なる「自分の見栄」のためにお金を浪費しているのであり、あなたの生き残りにとって致命的な悪癖であることをこの機会に自覚して欲しい。他人はあなたが思うほどあなたの「見栄っ張り」に興味はないし、仮にそんなことにいちいち悪口を言ったり陰口をたたく人間が周りにいるなら、そもそもそんな人とは縁を切った方がよい。

この「見栄消費」は意外な盲点であり、倹約にとっては最大の敵の一つである。たとえば、スマートフォンを二年で必ず買い替える人は、気付かず「見栄消費」を行なっている可能性が高い。性能が著しく劣化したり、機能が陳腐化して目的を果たせないなら買い換えるべきだが、二年でそうなることはまずない。ほとんどの場合、「新しいものを持っている」という優越感のためだけに金を払っているのだ。そして、そのあなたの優越感に比べて、他人は驚くほどそのことに関心がない。

同様のことは、車や衣類、趣味や娯楽、その他あらゆることにも言える。ある意味現代の、特に日本の消費は、「見栄」を刺激することで成り立っているものがあまりに多過ぎる。無意識的に「見栄」を刺激されて消費しているということを自覚できるか、自分が「見栄消費」にまみれていないか、この機会に徹底的に再検証して欲しい。

一方で、本当に必要なことに対する支出は決してケチってはいけない。たとえば自分の能力を開拓するための投資や、後段で触れる有用な情報や貴重な経験を得るための支出は、本当の意味で自分の人生を価値あるものにし、生き残りのための貴重な知見も与えてくれる。こうした支出まで切り詰めて金を守るのは、単なる「ケチ」でありカネの奴隷に成り下がっているも同然である。それでは結果的に生き残りはままならなくなる。

また、「見栄消費」の話に関連して、倹約をいちいちみっともないなどとなじる隣人や親族は切り捨ててかまわないと言ったが、もしそれがあなたの家族であったとしても、手加減をしてはいけない。特に、生活を共にする妻や夫、子供や親に「見栄消費」の悪癖を見て取ったら、それを徹底的に排除することがあなたに求められる大きな試練である。経済的大惨事が間近に迫っていることをしっかりと伝え、そして質実で倹約的な家計を作り上げるための建設的な話し合いを持つことだ。もし、夫や妻の方がそうしたことに敏感でむしろ積極的に協力してくれるようであれば、それこそ天恵である。大いに感謝することだ。

ところで、お金の話は家族を守る上で極めて重大な話である。残念ながら、日本では多くの家族内で「マネーリテラシー」に関する話がタブーに近い扱いを受けている。家族の中でお金をどうとらえ、それをどう扱うかは、実は最小の経済単位である家計をいかに守り、栄えさせるのかという意味で極めて重大なテーマである。そこに触れずにいるということは、その家族は一番大事な話を共有できていないということで、極めて由々しき事態である。

大体、日頃家族とまともにお金の怖さ、大切さを語り合わず、イザ有事が到来し家計が危機に陥ってから初めてお金の話を持ち出せば、家族が不和になるのは当然である。それは、なすべきことを怠ったツケというものだ。幾代にもわたって家を守り、引き継いできた旧家などでは、先祖代々の教えとして財産に関する独自の考え方が共有され、また子孫への教育として引き継がれていることが多い。特に、商人や名門貴族などに見られることだが、彼らにとってお金の話は大切な家族を守るための当然の知恵であり、親が子に与える教育の義務そのものである。そうした人達が実践できることをあなたが家族に実践しないというのは、あなたが家族をないがしろにしているに等しい。

かつて、サムスン電子の李健熙《イ・ゴンヒ》会長は、「嫁と子供以外はすべて変えろ！」と社員に意識改革の檄を飛ばし、世界有数のグローバル企業への躍進を果たした。私はあえて、心を鬼にしてこう言おう。「必要なら、嫁も子供も変えろ！」

心構え③——情報力こそが適応能力のカギ

情報の重要性は今更言及するまでもないことであるが、それでもことさら強調しておこう。情報こそが、生き残りを果たすための極めて重要なカギであると。質の高い情報をいかにして入手するのか。そしてその情報をどのように咀嚼し、活用するのか。いずれの能力も日頃から意識的に準備しておかなければならず、一朝一夕に身に付くものではない。

戦国時代最高の武将の一人である織田信長は、情報力という観点でも超一流であった。有名な桶狭間の戦いで、信長は今川軍二万五〇〇〇人を相手にその五分の一の五〇〇〇人で戦い、歴史的な大勝利をおさめたが、この戦いで信長が一番手柄の褒美を与えたのは、今川義元の首を取り戦局を決定した毛利新介（良勝）でもなく、義元に一番槍を付けた服部小平太でもなかった。簗田政綱《やなだまさつな》という、義元本隊の見張り役を任された武将だったのである。つまり、敵の大将の居場所を正確に把握し、「義元は桶狭間で休息中」という千載一遇の好機を伝えたことを最大の功績としたのである。

信長の情報収集・活用能力はこの逸話一つからも十分に伺い知れる。彼は若い頃から自軍に諜報の訓練を徹底し、常に正確で迅速な情報を収集させていたという。家臣の側も、常日頃からそうした教育を受けていたため、情報に対する感度が非常に高かった。さらに、軍制でも情報伝達の専門職組織である「母衣衆《ほろしゅう》」を置き、職務に極めて忠実で優秀なものをその任につかせたほどである。ちなみに、加賀百万石の大名前田利家は信長が作った二つの母衣衆の一つ、赤母衣衆の筆頭を務めた切れ者である。彼の情報力は、長年かけて培ったものなのだ。

さて、現代はどうかというと、私たちの周りには様々な情報が溢れている。むしろ、その中から取捨選択する方が困難なくらいである。しかし、それらのほとんどは役に立たないものだ。特に、大恐慌を生き抜くために重要な情報というものは、タダで入手できる情報（テレビや無料情報誌など）の中にはまず使えるものはない。たとえ新聞であっても、多少参考にはなるかもしれないがまったく十分ではない。

もっとも重要なことは、サバイバルという目的に合致した信頼に足る情報源、そして何より自分が判断や行動に移せる実践的な情報源を確保することである。つまり、その筋に精通した専門家が厳選して発信する情報を見極めることが何より重要なのだ。

その点について、私は二〇年以上にわたって国家破産や恐慌といった有事での生き残り策を研究し、書籍という形で発信・提言してきた。「実践的なサバイバル情報源」として極めて有益な情報を提供していると自負しているが、たとえばそういった情報源をうまく活用することが重要と考える。それも、一つの情報源だけでなく複数確保し、そして互いの情報を比較検証して行くのだ。

いいかげんな情報には論理的な矛盾があり、また根拠のない個人的見解の主張と歴史に裏付けられた事実が混同して語られたりもしている。これらを比較して行くことで、情報の真贋を見極める訓練を行なうのだ。これを継続的に行なって行くと、やがて情報の真贋や価値、そしてその活用方法についての実践的な力が身に付いて行くのだ。

賢明な読者の皆様には、ぜひご自身なりの有益な情報源を確保し、また情報を精査・活用する能力を日々磨いていただきたい。

心構え④――生きて果たすべき志を立てよ

人はただ「生きる」だけでは人たり得ない。生きる意味を見出すこと、それこそが「人として生きる」すなわち人生である。第一の心構えで「何が何でも生きる覚悟」の重要性を説いたが、「自分は何のために生きるのか」という志がしっかりとしていないと、その覚悟は容易にブレてしまうだろう。

私は、ＩＴ全盛で人とのつながりが希薄なこうした時代だからこそ、人のために生きるということが実りある人生につながって行くと考えている。特に、次の世代を担う子どもたちや若者たちが安心して生き生きと育てる環境を作って行くことに高い関心を寄せている。そして、その志を実現するため、様々な人脈を築き、また資金調達の交渉も行ない、私財もつぎ込んで「ＣｈｅＦｕｋｏ」（チェフコ）というボランティア組織を立ち上げた。ウクライナ、福島、ネパールで不遇に耐える子どもたちを支える活動を、志ある人たちにボランティアに加わってもらいながら進めている。

また、私が独立して「第二海援隊」という出版社を起こしたきっかけは、日本に本当のジャーナリズムを打ち立てたいという思いからだった。利権や大人の事情に忖度するのではなく、論争を恐れずに正しいこと、本当のこと、重要なことを発信していく言論機関を日本に作りたい。その志は現在でも変わらない。そこで、残りの人生はクオリティ・ペーパーの刊行に費やすという目標を打ち立てた。クオリティ・ペーパーとは、英国を発祥とするエリート階層を読者とした高品質の新聞で、政治、経済、国際問題などの骨太なテーマを主に扱う。英ガーディアンや米ニューヨーク・タイムズがこれに当たる。

残念ながら日本の既存メディアの中で、本当の意味でジャーナリズムに奉じているところは現在でもほとんどない。そこで私は、これを生涯をかけて成し遂げようと考えている。道のりは困難を極めるだろうし、また多くの人たちの協力なくしてはなし得ないことだが、私は何が何でも次の大恐慌も生き残り、そして志を果たしたい。

もちろん、ここに挙げたような社会的に大きな影響をおよぼす志でなくとも、家族の幸せと繁栄のために力を尽くすとか、自分の事業を永続させるとか、良いものを作って人々を喜ばせ続けたいとか、そうした志も十分に立派なものである。いずれにしても、生物的にではなく社会的に生きるためのよりどころになるものを、しっかりと打ち立てることだ。それこそが、あなたが本当の意味で生き残るための原動力となる。

心構え⑤――すべてを「自分事」として捉えよ

これまでの常識がすべてひっくり返り、想定外のことが起きる恐慌の激動を生き抜くためには、最終的に自分で判断し、決断し、その結果を受け入れなければならない。「誰かが助けてくれるだろう」などという「他人任せ」な甘い考えでは、あっという間に恐慌の濁流にのみ込まれて一巻の終わりである。

特に、他人の言うことに疑問を差しはさまず鵜呑みにする人は要注意だ。仮に他人の意見を取り入れるにしても、自分がそれを選択したからには、その結果はよきにつけ悪しきにつけ自分の責任と受け止めることが重要である。そう考えだすと、自分の決断をより良いものにするためにあらゆることに健全な疑問を持つようになる。騙されにくくなるし、世の中の仕組みや落とし穴についてもより気付きやすくなる。大恐慌の極限状態となれば、有名な大企業や時には国家ですら手のひら返しすることがある。突然、あなたの財産を没収したり、税金の対価として提供すべきサービスを停止したりという「まさか」のことが、容易に起こり得るのだ。

もし、最悪そうなったとしても生き残れるようにすること。そのためには、あらゆることを「他人任せ」にせず、仮に他人を信じるとしても最悪の事態を想定することだ。性悪説的な考え方だが、これは「リスク管理」という考え方の根幹であり、ぜひとも実践すべきものだ。資産防衛に限らず、およそサバイバル全般における究極の鉄則とは「最後まで信じてよいのは自分だけ」である。

心構え⑥——真の友人・同士を作れ!!

人間とは社会的な生き物である。特に現代の私たちには、他者とのつながりなくして生活は成り立たない。ただ、これから激動の時代を生き抜くにあたっては、なんとなく他者との関わりを持つのではなく、目的に適した人たちとの関わりを重視すべきだ。「心構え②」で家族や隣人であっても場合によっては離縁すべきであることに触れたが、その逆に恐慌対策や生き残り、お金に対する考え方に共鳴できる同士とは、積極的につながりを持つべきである。

「類は友を呼ぶ」という言葉があるが、たとえば浪費癖のある友人が多いと自分にも類がおよぶし、周りが「健康オタク」ばかりだと否が応でも健康に配慮するようになる。つまり、人は所属するコミュニティによって影響を受け、考え方や生き方が変わるのである。目的に合ったコミュニティを選ぶことで、おのずとその結果を得やすくなるのだ。

「金持ちになりたかったら金持ちと仲良くなれ」という教えがあるが、まさにそのことであり、同じことが恐慌対策にも言えるのである。資産防衛に対する意識が高い人たちとの接点を強化すれば、いろいろな有用な情報も入ってきやすくなるし、なにか不安に駆られてもそれを解消しやすくもなる。

また、恐慌対策やあるいは国家破産という特殊な有事は、誰でも容易に同じ危機意識を共有できるわけではない。世の中の圧倒的大多数は、そんな物騒なことは想像したくもないと考えており、またそうした危機意識が高い人を奇異の目で見がちだ。自分の危機意識を磨滅させないためには、日常の人間関係とは別に危機対策の意識を共有できる場や共に話し合える相手を確保することが極めて重要となる。

私が主宰する各種講演会や会員制組織は、まさにそういう意味で「同士」の集まりである。このような場を通じて、思いを同じくする人同士がつながりあって人間関係を作り上げている。こうした場を進んで利用し、貴重な人間関係を築いて行くことも、極めて有益であろう。

心構え⑦——歴史に学べ

これもことあるごとに繰り返し述べていることだが、歴史には人類の叡智が詰まっている。経済的現象についてもしかりで、恐慌や国家破産といった出来事がなぜ起こり、そしてそれが人々にいかなる厄災をもたらすのか、そしてそれをどのように避けうるのかということは、歴史から学べることが非常に多い。しかしながら、歴史から学びそして活用できる者は驚くほどに少ない。大抵の人々は、先人が遺した膨大な経験の集積より、ごく限られた自分の経験を当てにする。そして歴史に埋もれ行く「残念な失敗者」に成り下がるのである。

実は、人間の営みの本質的な部分というものは数千年の時を経ても驚くほどに変化していない。つまり、危機的状況に何が起き、人がどう反応し、その結果どう対処した者が生き抜いたのか、という核心的な事柄は、歴史に学ぶことがもっとも近道になるのである。問題は、私たちがその叡智をどう活かすかにかかっているのだ。

そうは言っても、膨大な歴史のどこを足掛かりにすればよいかは大いに迷うところだ。そこでいくつかのヒントを挙げておきたい。まず、人間の心構えや考え方を学ぶには、幕末や戦国時代の乱世を参考にするのがよい。激動の時代をたくましく生きるための知恵や力を与えてくれるだろう。また、経済的事件は繰り返すという事実は、一九二九年の世界恐慌や一八世紀以降の封建制崩壊時の欧州なども参考になる。ローマ帝国滅亡までの歴史や、文明の「八〇〇年周期説」も極めて多くの示唆を与えてくれる。もし「八〇〇年周期説」をご存じない方がいるなら、拙書『文明と経済の衝突』『9・11と金融危機はなぜ起きたか』（第二海援隊刊）をご参照いただきたい。

いずれにしても、まずは自分が少しでも関心を持てるところから始めるとよい。単なる歴史の暗記ではなく、人々が激動期をいかに生き抜き、どのような困難に見舞われたのかといったことに思いを致して行くことである。生き残りのヒントは、それこそ山ほど存在する。

心構え⑧——物事は悲観的にとらえ、対策は現実的に考え、楽観的に行動せよ

人間は先の見えない状況に不安を感じ、そこから脱しようという心理が強く働くものである。時にそれは、見通せない未来から目をそらし、将来に備えることから現実逃避するという行動を取らせる。しかし、それではまったくコトは解決しない。不安を本当に解消したいなら、一番良いのは目をそらして何もしないのではなく、目を凝らして見極めそしてきちんと行動をとることである。

そうは言っても「想定外」が起きるのが大恐慌の恐ろしさであり、それを思えば不安も募る。この時一番良い方法は、自分が悲観論者になって物事が最悪に向かうことを想定し、それに向けた対策することだ。往々にして人間の不安は、「わけがわからない」「得体が知れない」ということに起因して湧き上がる。

一方、どんなに悲観的な将来であっても、それが見通せる時は対策を考えることができる。そこまでたどり着いたら、後は対策を現実的に考えて行動に移すことができる。イザ行動する時には、「これで良い将来が迎えられる」ことを信じ、楽観的に行動すればよい。

ここまでくると、不思議と人間は腹が据わるものである。多少のことに動じなくなり、笑みを浮かべる余裕すら出てくるものだ。「笑う門には福きたる」ではないが、明るい顔をしていればおのずと激動の時代も笑って乗り切れるものだ。考えようによっては、こんな激動の時代を経験できるのはめったにないことだ。しっかりと万全の対策を施し、あとは笑って生き抜こう。

この話に関連して、一点ぜひ心がけたいことがある。それは「迅速な判断と行動」だ。大恐慌のサバイバル対策には、「早い者勝ち」のものもよくある。つまり、対策で先行している人の方がより有利になるということなのだ。「この世はすべて早い者勝ち」という言葉があるが、まさに恐慌対策はそれなのだ。思い立ったが吉日、とにかくいち早く行動に移すことを強くお勧めする。

心構え⑨——他人の目を気にするな

「心構え②」や「心構え⑥」でも触れたが、「世界恐慌に向けて倹約しながら対策している」などという話をすれば、多くの人から「何を言っているのだ?」

という奇異の目を浴びせられることは想像に難くない。もちろん以前よりも世間の論調はそうした話に受容的だが、家族に「一緒に対策しよう」とか、知人に「対策した方がいいよ」などと言えば、相応の拒絶反応が返ってくることは覚悟しなければならない。

しかし、そこで妥協していては本当の有事対策はおぼつかない。それに、周囲の目を言い訳に対策をないがしろにして後に地獄のような目に遭っても、誰もあなたを助けてはくれない。最終的には自分の信念を貫き、粛々と準備を続ける他ないのである。それは思いの他大変な道のりかもしれないが、「心構え①」や「心構え④」を心に留めて、時には同士の助けも借りてでも、ぜひとも生き残りを完遂していただきたい。

心構え⑩――何はなくとも健康であること

最後に今一つ、最重要の心構えを紹介しよう。それは「健康こそが最大の守るべき財産」ということだ。健康を損なってしまっては、どんなに莫大な資産を守ってもそれを活かすことはおぼつかない。すべての基本は、あなたが健康であるという前提の上に成り立つ。健康でなければここまでお伝えした心構えを保つことも、これからお話しする具体的対策を実行することもできないだろう。

したがって、健康の維持・増進に関わることは妥協してはいけない。積極的に資産も時間も投資して、貪欲に結果を追求していただきたい。

かく言う私は、知る人ぞ知る「健康オタク」である。たとえば冷えは万病の元となるため、体を冷やさないよう細心の注意を払っている。毎日二時間の温熱療法を受け、夏場でも冷房の効いた部屋には携帯カイロやひざ掛けを欠かさない。氷入りの飲み物は飲まず、ホテルやレストランでもミネラルウォーターを「常温」で出してもらう。他にもあるが、「体を冷やさない」ことだけでも相当こだわっている。

当然、口に入れるものは高品質で汚染がないものを厳選している。食品もそうだが、健康に良いとされるサプリメントや飲料水も厳選し、時には海外の最高品質のものを直接買い付けたりもしている。中にはわざわざ業者に作っても

資産防衛——「心構え編」

心構え①	生き方、考え方を 根本から変える覚悟を持て
心構え②	徹底した「倹約のプロ」になれ!
心構え③	情報力こそが適応能力のカギ
心構え④	生きて果たすべき志を立てよ
心構え⑤	すべてを「自分事」として捉えよ
心構え⑥	真の友人・同士を作れ!!
心構え⑦	歴史に学べ
心構え⑧	物事は悲観的にとらえ、 対策は現実的に考え、楽観的に行動せよ
心構え⑨	他人の目を気にするな
心構え⑩	何はなくとも健康であること

らっているものすらある。こうなると完全にマニアの域だが、私にとっては「自分」というこの世でもっとも貴重な資産への「投資」である。

読者の皆様にここまでやることをお勧めするものではないが、ぜひ可能な範囲で最大限、健康増進のための投資を実践して欲しい。なお、「健康投資」も決して他人任せにしたり人の意見を鵜呑みにしたりしてはいけない。試行錯誤をしながら、ぜひ自分に合った健康法を編み出して欲しい。

資産防衛――「知識編」

ここまでで、生き残りをかけた資産防衛の一〇の心構えを見てきた。次に、資産防衛の「知識編」に移ろう。といっても、新しい知識を今から披露するわけではない。ここまで読み進めた読者の皆様にとっては、第七章までのおさらいというべきものである。世界的な大恐慌によって私たちにどのような厄災がもたらされるのかを、今一度確認、整理しておく。

まず恐慌とは、「順調であった景気が突然急激に後退する現象である。株価の暴落、失業者の激増、滞貨（商品が売れずに倉庫に積み上がること）の増大、企業の倒産、銀行の取り付けなどが起き、経済活動が著しく低下して社会に大混乱をもたらす」（拙書『二〇一七年の衝撃〈下〉』〈第二海援隊刊〉より）。こうした現象は、往々にして好調な経済状態が長く続き、一部で実体を伴わない経済活動が過熱（バブル経済）した反動として現れる。一九二九年の世界恐慌直前には、「狂騒の二〇年代」という景気過熱期が米国に訪れたし、一九九〇年のバブル崩壊でもそれに先立つ株価や地価の投機的高騰があった。

恐慌時に起きる現象について項目ごとに整理ができれば、大まかな対策はもうつかめたも同然である。では、早速見て行こう。

現象①——物価の下落

恐慌といえば、まず「物価の下落」が顕著な現象だ。モノによっては単なる下落ではなく、「急落」「暴落」という激しい下落となるし、さらにひどいと

「買手付かず」の状況になる。早くモノを手放さないと時間経過によってどんどん価値が下落するため、誰もが投げ売りするという恐ろしい事態だ。言い方を変えると「お金の価値の方がモノの価値に勝る状態」ということだが、すべての物価が一律に下落するわけではないという点が、事態をさらに難しくする。

大多数のモノの値段が暴落する中、ごく一部の資産価値の維持に役立つようなモノだけは逆に暴騰するという、極端な価格変動が起きるのだ。「安いものはより安く、高いものはより高くなる」という現象は、平常時の経済では決して起こらない（経済は安いものを買って高く売るのが原則である）が、恐慌下ではよく見られる現象となる。いわゆる「パニック」の状態である。

ちなみに、この物価変動はどの程度のものなのか、参考までにざっと見てみよう。一九九〇年のバブル崩壊時は、株価が四三％以上の下落（一九八九年末三万八九一五・八七円～一九九二年末　一万六九二四・九五円）を記録、地価は一九九一～九三年で住宅地が一八％あまり、商業地は三二％あまり下落している。ただ、面白いのはこの時期のインフレ率で、実はこの時期にインフレ率はマイナスになっておらず、株価と地価だけが際立って下落しているのである。

次に一九三〇～三一年の昭和恐慌だが、この時は実体経済が深刻な打撃を受けている。特に主力産業であった生糸とコメは暴落に見舞われ、一九二六年から比べるとコメは約半値、生糸を取る繭の価格はなんと三分の一近くになったという。東京の物価指数は一九二九年を一〇〇とすると一九三〇年には七三、一九三一年には六六と三割以上も下落している。日本全体で見ても一九三〇年、三一年の二年間は消費者物価が前年比一〇％以上の大幅な下落に見舞われた。まさに、激甚な経済災害である。

昭和恐慌と前後する一九二九年の世界恐慌では、米国も深刻な物価下落を経験している。一九二九～三二年の三年で卸売物価は約三二％、消費者物価は約二〇％も下落した。一方、「一〇〇年に一度」と言われた二〇〇九年のリーマン・ショックを見ると株価は五六％下落、また不動産も約五年半で三〇％程度下落したものの、実は物価はそれほどの影響を受けていない。最盛期の二〇〇九年でさえ、インフレ率はマイナス〇・三二％（ＩＭＦ調べ）で、深刻なデフレにはならなかったのだ。こうした現象は、「恐慌＝物価下落」という構図に一つの示唆を与えていると言える。

現象②――失業・倒産

次に挙げるのは企業の業績の急激な悪化による失業や倒産だ。昭和恐慌の例を引くと、最悪期の一九三一年には、当時まだまれであった大学卒業者の就職率がなんとわずか三六％しかなかったという。バブル崩壊後にも大卒の就職率悪化が社会問題となったが、一九九一年の大卒就職率は八一・三％、近年最悪の二〇〇三年でも五五・一％であったから、当時の深刻さがうかがえる。

失業率の推移で見ると、実は日本のバブル崩壊の失業率への影響は限定的である。一九九一年の二・〇九％が最低で、九〇年代終わりまで一貫して上昇は続けたものの、二〇〇二年の五・三六％までしか上昇していないのだ。しかしこれには雇用形態の変化（派遣労働への切り替えや能力給による給与削減など）といった問題が潜んでおり、一概に失業率が安定していたとは言い切れない。

また、倒産件数で見て行くと、一九九〇年のバブル崩壊から日本の倒産件数は激増している。九〇年の六四六八件から翌年には一万件超えに跳ね上がり、そしてアジア通貨危機が起きた九八年には二万件にも迫る勢いとなったのだ（東京商工リサーチ「倒産月報」より）。これがリーマン・ショック時を見てみると、倒産件数は一万三〇〇〇件台から一万五〇〇〇件台で推移しており、あまり大きな変化とは言えない状態となっている。

ただ、休廃業・解散件数は毎年二万件を大きく超え、二〇一三年には三万件に迫る勢いとなった。つまり日本の場合、少子高齢化によって産業が老衰化し、「店じまい」する人達が圧倒的に増えているという実情がある。数字上では恐慌が倒産に直結しているとは言えないが、実態としては恐慌を引き金として倒産した件数は多いとみられる。

一方の米国では、失業率、倒産件数共に恐慌の影響が色濃く出ている。まず失業率については、一九二九年の世界恐慌を引き金に一九三三年に失業率二五％を記録、深刻な社会問題となった。またリーマン・ショック後の二〇〇九年一〇月にはこの時期最悪の一〇・〇％を記録し、これもまた極めて深刻な問題となった。米国の場合、労働市場が日本に比べて流動的であり、雇用も解雇もかなり頻繁に起こり得るためこうした数字となっている。

さらに、企業の倒産件数増加は顕著である。二〇〇六年には二〇〇〇件台／月だった倒産件数は、二〇〇八年後半には四〇〇〇件台／月に倍増、二〇〇九年には六〇〇〇件台／月となり、二〇一〇年前半にはついに七〇〇〇件台／月にまで増えている。一九二九年の世界恐慌時はさらに深刻であった。もっとも打撃を受けた業種の一つが銀行業で、一九二〇年代の好景気に乱立した銀行が一万行も倒産したという。この他にも「宝飾品」「レクリエーション」「旅行産業」なども大きく落ち込んだという。

ただ、中には逆に雇用が増え、所得も伸びた業種もあった。「修理業」は人々の節約意識から需要が増加、また「法律サービス」は大不況によって生まれた様々な係争を処理する需要が大幅に伸びたことで活況となった。

このような傾向は、業種こそ違えど現代にも通用するだろう。恐慌下にも強

大恐慌の基礎知識——「厄災」

①

著しい物価の下落

（ごく一部のモノは逆に上昇）

②

失業・倒産

③

治安の悪化

暴動・デモなど

い仕事があり、倒産や所得低下を抑制できる可能性があるという事実は、生き残りの大きなヒントになり得る。

現象③——治安の悪化、暴動、デモなど

恐慌によって経済活動が著しく停滞すると、貧困に苦しむ人が大量に発生する。こうした人々は、当然社会への不満を溜め込み、やがてそれが爆発する。それは治安の悪化という形で顕著に表れるが、組織化・集団化するとデモ行動となり、また時にそれが暴徒化して手が付けられない事態を引き起こす。

最近では、ベネズエラが国家破産によって深刻な治安悪化に苛まれている。ただ、おそらく多くの日本人は日本ではそこまでひどい状況にはならないと考えているのではないだろうか。しかし、日本がそうした事態に陥らないという保証はどこにもない。

確かに現在の日本人は比較的穏健である。東日本大震災などの大災害時にも、整然と避難し犯罪も少なかったというニュースがよく出てくる通り、多少のこ

とでは暴徒化しないだろうことは容易に想像できる。しかし、恐慌や国家破産といった経済的苦境は、先の見えない貧困で精神的にも追いつめられる状況になりやすい。暴徒化し、治安が悪化する可能性は格段に高まるのだ。実際、戦前には恐慌で銀行の取り付け騒ぎやコメ騒動も起きているし、江戸時代には百姓一揆や一向一揆などの武装蜂起が各地で起きている。「貧すれば鈍す」という言葉通り、貧しくなれば心が荒みそれがやがて社会の荒廃を招くのである。

こうした「心の荒廃」に陥り、自らが犯罪や暴動に関わらないためにも資産防衛は必要であるし、また巻き添えを食らわないためにも危機意識は高く持たなければいけないのである。

資産防衛――「実践対策編」

「心構え」「基礎知識」と恐慌生き残りの基本を押さえたところで、いよいよ「実践対策」に入って行こう。いかに危機意識を高め、知識を蓄えても、実践が伴わなければ何の意味も持たない。ここで紹介するノウハウをしっかり吟味し、確実に実践していただきたい。

実践対策①――資産の棚卸しをせよ

まず手掛けるべきは、「自分が何をどれだけ持っているのか」をしっかりと把握することだ。恐慌対策というと、中には短絡的に「持ってる株は売った方がよいか？」「自宅はどうしたらよいか？」「何か特殊な投資を始めるのがよいか？」とすぐ行動に出たがる人がいるが、焦りは禁物だ（余談だが、おそらくこういう人は九割方部屋の片付けも苦手であり、仕事の段取りもヘタである）。

大前提として、資産防衛とは「これ一つで万能」という方法があるものではない。恐慌という想定外の事態が次々起きる事態に、いかにして資産損失のリスクを低減するかという「リスク管理」の考え方が必要となる。「リスク管理」の大原則は「分散」だ。「一つのカゴにすべての卵を盛るな」という投資格言があるが、まさにそれは恐慌対策にも当てはまる。

恐慌対策にはこれから紹介する通り様々なカゴがあるが、自分が卵を何個持っているかによっては選ぶべきカゴを変えるべきである。つまり、最初に卵の数や大きさ、形をきちんと把握する必要があるということだ。

具体的には、総資産が一〇〇〇万円未満なら一万円単位で、一〇〇〇万円を超える場合は一〇万円単位で資産の棚卸しを行ない、どこにどのような資産がどれだけあるかを正確に把握する。借金もマイナスながら資産であるため、合わせて棚卸しする。全体を把握できるよう一枚のリストにまとめ、それをしっかりと頭にたたき込んで、それから具体的対策を練って行くのだ。「全体を俯瞰する」ことがなにより重要だ。そして、対策を打つ時には決して何かに偏った資産構成にしてはいけない。想定外の事態に遭遇して、資産を大きく減らしてしまう危険があるからだ。

実践対策②――株はすべて売れ

知識編で見てきた通り、恐慌時には例外なく株価が大暴落する。さすがに上場株式がすべて紙キレになるなどということはないが、平均で四割程度、ひどいものになれば九割以上も下落する銘柄が出てくるだろう。そのまま株価が戻らないものも多く出てくると思われる。現在の株価は、ここ一〇年で見てもおおむね高値圏にあり、逆に言えば上値余地が薄い状態である。含み損の銘柄を持っている場合でも、「待てば上がるはず」と深追いしてはいけない。なるべく早めに一度手じまいして暴落に備えるべきだ。

きちんと手じまいができた場合は、恐慌相場後に訪れる「歴史的買い場」に狙いを定めておくのもよいだろう。仮に、恐慌後に日本国破産が到来したとしても、大調整は入るものの株価は長期上昇を続ける可能性が大いに期待できる。株式はその時に再び活用すればよい。なお、これは日本株に限った話ではなく、米国株やその他外国株式いずれにも言える。

また例外的に、よほど株式に慣れた人で、かつ「防衛」だけでなく「攻め」の資産運用をしたいという人は、むしろこれからの株式市場は波乱、激動そして大チャンスとなるだろう。果敢にリスクを取り、機敏に行動すれば大チャンスをモノにできるかもしれない。

実践対策③――自宅も含め不動産は売却せよ

株と同様に、不動産価格も下落は避けられない。さらに日本の状況は、少子高齢化で住宅需要が先細りして行く。地震や天災が多く、また建物も欧米と異なり一〇〇年単位の耐久性が想定されておらず、リフォームして使い続けるという文化も薄い。こうした状況を考えると、資産としての不動産はほとんど将来性を期待できないということになる。良い値段がついているうちに、なるべく早く売ってしまうことを強くお勧めする。

近年では「サラリーマン大家さん」といったキャッチフレーズで不動産投資が流行っているが、もしこれをやっているならなるべく早く手仕舞いすべきだ。スルガ銀行問題ですでにおわかりの通り、このビジネスモデルはもはや行き詰まり必至である。よほど好条件の物件か、あるいはよほどの入居率維持への努力を払わなければ、投資を回収することはどんどん困難になる。

しかも往々にして不動産投資は借金とセットになっているため、投資が行き詰まった時のダメージは他の投資の比ではない。九〇年代にバブル崩壊で手痛い思いをした人の中でも、株は紙キレになるだけという人が多かったが、不動産は億単位（人によっては一〇億単位）の借金を背負って夜逃げや心中を図る人が続出した。そして、不動産はイザ手放すとなっても、そうそう簡単には売れないのが難しいところである。行動するならなるべく早い方がよい。

また、「自宅はどうしたらよいか」という相談をお受けすることがよくあるが、私の答えはこうだ。車や衣服と同様に、消耗品としていずれ無価値になってもよい「道具」として考える方なら、あえて売れとは言わない。ただし、不動産は税金がかかり、国家財政がひっ迫すると増税のリスクもあるため、非常に不利である（実際、ギリシャでは土地の面積に応じた高額の固定資産税がかけられ、富裕層が次々別荘を売りに出すも買い手がつかない事態が続いた）。「住み慣れた」ということだけにこだわり、後になって二束三文で売りに出すのがよいか、値段がついているうちに売るのがよいかはよくよく考えた方がよい（「心構え①」に立ち返れば、合理的に考えて売るのが最善の選択であるが）。

ローンが残っている場合はなおのこと、早く売った方がよい。恐慌経由で国家破産という事態になれば、今度は急激なインフレが襲いかかる。当然、住宅ローンの金利も急騰する危険がある。一九九八年、アジア通貨危機に見舞われた韓国では、ローン金利が三〇％にも跳ね上がり、家を手放す人が続出した。

もちろん、不動産にも例外はある。外国人に人気のエリア、再開発で人気が集中し、需要が高まっている物件などは長期所有が有利といえる。ただ、こうした条件を備えている物件は非常に限られており、またすでにかなりの高額で取引されている。これから参入するにはかなりハードルが高く、積極運用を目指す人にとってもあまり好条件とは言えないだろう。

実践対策④――現物資産は現金化せよ

恐慌時には株や不動産以外にも、美術品や骨董、高額の嗜好品など様々なモノの値段が下がる。単なる趣味のコレクションであれば別だが、資産として認識する現物はなるべく早く現金化することをお勧めする。株と同様、恐慌時には安値で投げ売りされるこうした品々も、いずれ経済が落ち着きを取り戻せば安値で取引が始められるようになる。興味があるなら、そのタイミングで買い戻すのが賢いやり方だ。

こうしたものに該当するのは、高級自動車、高級時計、ワイン・ウイスキー、ブランド品など嗜好性の高いものだ。思い当たる方は、こうしたものもこの際にしっかりと棚卸ししておくとよい。

実践対策⑤——資産の一部を現金で持て

資産の一部を実際に「現金」化し、手元に置いておくことも重要な恐慌対策だ。世界恐慌時の米国を例に出すまでもなく、大恐慌によるパニックで銀行が「取り付け騒ぎ」による閉鎖をする可能性も十分にある。こうなるとＡＴＭからの引き出しも制限されるため、手元の現金が非常に重宝するのだ。

具体的には、日本円を生活費の数ヵ月分程度持っておくとよいだろう。恐慌時の対策としては円貨のみでよいが、余裕資金があるなら国家破産まで見据えて米ドルのキャッシュを小額紙幣（一ドル、五ドルなど）で持っておくこともお勧めする。ただし、米ドル以外のキャッシュはお勧めしない。恐慌によって、一時的にせよ大きく減価する可能性があるためだ。すでに持っている方の場合、あえて円や米ドルに転換する必要はないが、買い増しはしない方がよいだろう。

また、現金の保管場所は最大の注意を払っていただきたい。治安悪化によって盗難に遭うリスクが格段に増すためだ。自宅内に金庫を設置するとしても、見つかりづらい場所に設置するか、さもなくば一トン級の「防盗金庫」を検討すべきである。銀行の貸金庫などは封鎖や没収といったリスクも考えられるため、民間の貸倉庫のようなところにそっと保管するといった方法も検討したい。

実践対策⑥――資産の預け先は分散せよ

資産を現金化して持つ場合、気を付けなければいけないのが銀行の破綻リスクだ。特に日本の地銀は、アベノミクスの超低金利下で厳しい経営が続いており、一部では海外債券などリスク性が高いものを買い付けて凌いでいるところもあるという。恐慌でマネーが逆回転を始めると、こうした資産が一斉に焦げ付き、最悪の場合、銀行の破綻という事態が想定されるのだ。

日本の銀行には預金保護制度があるが、一行あたり一〇〇〇万円、円貨のみという条件がある。この条件に合わせて、複数の銀行に預入を分散させるといった対策は必須である。

また、預入先の分散としては証券口座も有用である。銀行と違い、証券会社は原則として保護の上限がない。また、いざとなれば株や外貨建て資産への転換もスムーズなため、様々な対策に応用しやすいという利点もある。

実践対策⑦――海外口座への分散は最小限に

海外口座は国家破産対策としては極めて有効な手立てとなり得るが、今回訪れる恐慌に関して言えば、そのメリット以上に大きなリスクが潜んでいる可能性がある。すでに前章までで触れた通り、現在世界中にはすさまじい額の債務があらゆるところに積み上がっている。これが逆回転すれば、激しいダメージを被る国も出てくるだろう。海外口座がある国がその大ダメージを受ければ、銀行とて安泰ではなくなる。口座の一時凍結ならまだよい方で、最悪の場合破綻や経営再建となれば預入資産が大きく目減りする危険があるのだ。

そのため、まとまった資産を海外口座に入れている方は、それを日本に引き揚げることをお勧めする。また、そのまま海外口座に残す資産も、定期預金や債券などすぐに引き出せないものには預けないことだ。イザ雲行きが怪しくなった時、即座に資金移動の対応が取れなくなることを避けるためである。

私はかねてから海外口座の活用を提言してきたが、それを参考にニュージーランドやシンガポールなどに口座を保有している読者の方もかなりいらっしゃるのではないだろうか。そうした方にとっては、今回私が提言するこの内容はかなり衝撃的かもしれないが、ニュージーランドやオーストラリアの家計債務や住宅バブルの現状を鑑みると、リスク回避上ぜひとも取り組んでいただきたいことである。

実践対策⑧——金（ゴールド）は優れた恐慌対策になる

恐慌時には多くのモノの値段が下がるが、金は少ない例外の筆頭格だ。「有事の金」の言葉通り、リスク回避志向から買いが集まり、価格が高騰する。同じ貴金属類でも銀やプラチナは実需が大きいため、景気の冷え込みが価格の下落要因になるが、金はむしろその資産性が際立つのである。

一点注意するとすれば、恐慌になれば通り一遍に価格が上がるわけではなく、一時的には急激な現金需要のために大量の金売りが出て価格が下落する局面も想定されるということだ。金は一時に買わず、逆にこうした相場局面を見定め、安値での買い増しを狙うのも一つの手だろう。

金の保有量は、資産の五～一〇％程度が適正量の目安である。いかに金が恐慌に強いとはいえ、金には固有のリスクも存在する（有事の没収リスク、可搬性の悪さ、保管場所の問題、偽物の横行など）。やはり、「資産防衛は分散が基本」と心得て、金での保有も一定割合に留めておくのが上策である。

資産防衛――「実践対策編」

実践対策①	資産の棚卸しをせよ
実践対策②	株はすべて売れ
実践対策③	自宅も含め不動産は売却せよ
実践対策④	現物資産は現金化せよ
実践対策⑤	資産の一部を現金で持て
実践対策⑥	資産の預け先は分散せよ
実践対策⑦	海外口座への分散は最小限に
実践対策⑧	金（ゴールド）は優れた恐慌対策になる
実践対策⑨	治安対策を強化せよ

実践対策⑨——治安対策を強化せよ

治安対策とは、大まかに言えば「自己防衛」と「自宅の防衛」のことだ。資産防衛だけを果たしても、自分が危害を加えられては元も子もない。また、現金や現物資産を自宅保管する場合には、自宅のセキュリティを向上するのは当然のこととして取り組まなければならない。

「自己防衛」に関しては、強盗、スリ、ひったくり対策を怠りなく行なうことだ。離れるとアラームが鳴る警報器、催涙スプレー、スタンガン、防犯ボールなど、簡単に使えるものを揃えておく。また、複数人に襲われれば防犯グッズがあってもひとたまりもない。目を付けられ、襲われることがないよう、なるべく地味で質素な身なりや素行を心がけ、危険と思われる場所に近づかないことだ。それでも万が一強盗に遭ってしまったら、とりあえず抵抗せずに金目のものを渡す他ない。命を取られてしまったら、何にもならないからだ。

「自宅の防衛」については、少々大掛かりだがある程度資産を持っている人はぜひとも取り組むべきものだ。防犯カメラ、警報器を設置し、防犯ガラスへの入れ替えの他、現金や金現物などは厳重な金庫を導入してそこにしまうことだ。中途半端な金庫は逆に危険である。「ここに金目のものが入っています」と、わざわざ泥棒に教えるようなものだからだ。

金庫については、重量二〇〇～三〇〇キログラム程度のいわゆる「耐火金庫」程度では対策にはまったく不十分だ。手慣れた泥棒なら持ち出せる上、バールなどでこじ開けることも比較的容易なためだ。理想は重量一トン程度の「防盗金庫」を専門の業者に設置してもらうことだが、設置場所の強度などの問題がある場合、設置場所や施工方法を工夫して発見、持ち運び、こじ開けが難しくなるようにしなければいけない。しまっておく現物資産との兼ね合いで検討していただきたい。

実践対策――「上級編」

さらに一つ上の資産防衛対策を検討するのであれば、二つの方法をぜひ検討していただきたい。これらは、余裕資産が数百万円以上ある人が対象となるが、場合によっては非常に心強い資産防衛策になるため、ぜひ積極的に活用していただくことをお勧めする。

実践対策上級①――恐慌に強い「海外ファンド」を持つ

私がまずお勧めしたいのが、「海外ファンドへの直接投資」という方法だ。「海外ファンド」と聞くとハードルが高そうだが、実は国内にいながら手続きができ、また「海外口座」に比べて保有後の維持管理面で負担が少ない点が魅力である。運用面でも、金融のプロによる最先端の手法や収益モデルを採用するなど、自分で株などに投資するよりはるかに魅力的な運用ができるのだ。

しかも、ある運用戦略を採用するファンドは恐慌相場や国家破産といった逆境を逆手にとって、収益を上げられるものまであるのだ。その恐慌にも強いファンドとは、ズバリ運用戦略に「MF戦略」を採用しているものである。私の書籍をいくつか読んだことがある方なら聞いたことがあるだろうし、中にはどんな戦略かを熟知をしている読者の方もいらっしゃることだろう。ＭＦ戦略とは「マネージド・フューチャーズ」戦略の略で、先物（フューチャーズ）取引をある管理手法（マネージド）を使って行なうものだ。

この管理手法とは「トレンドフォロー」と呼ばれるもので、相場の方向をコンピュータで管理し、上昇相場では買い、下落相場では売りの自動売買をするという「トレンド後追い作戦」を行なうものだ。一般的には、数百もの先物市場に分散投資し効率よく収益を狙って行く。

事実、大半の海外ファンドや株式、債券、為替などのプロ投資家などが軒並み甚大なダメージを被った二〇〇八年のリーマン・ショックで、この「ＭＦ戦略」は極めて優れた成績を挙げている。リーマン・ショックだけではない。９・11やＩＴバブル崩壊、最近では二〇一四年の原油暴落などの局面でも収益を上げ、その強さを遺憾なく発揮してきた。となると、次の大恐慌も再びＭＦ戦略型ファンドが活躍することが大いに期待できる。

もちろん、そうは言ってもＭＦ戦略型ファンドは決して万能なものではない。

特にリーマン・ショック後の世界的金融緩和相場では、横ばい状態が長く続く「ガマンの状況」となっている。継続的な収益を期待するよりも、恐慌相場や大下落相場の到来で「階段式」に収益を積み上げることに期待するのが適切であろう。

ここで、私が目下注目し、主宰する「ロイヤル資産クラブ」「自分年金クラブ」で最近情報提供を開始したMF型ファンドを一つ紹介しておこう。

■MF型ファンド：「T—ミニ」

私はかねてから最新ファンド情報を収集すべく世界中の金融関係者とやり取りを重ねていたが、とあるヨーロッパの会社から、このほど新たなMF型ファンドが欧州の投資ファンド基準を満たして投資募集を開始したという情報を入手した。このファンドは近年MF型ファンドの中で流行している「ハイブリッド戦略」（MF以外の戦略を混ぜて安定的収益を狙う方法）とは異なり、他の戦略を取り入れずに「MF戦略」のみで運用を行なっている。

そして最大の注目点は三つ、「一万米ドル相当額（約一一〇万円）というファンドとしては少額から投資可能な点」「取引が月二回と比較的売買がしやすい点」そして「米ドル以外にもユーロや豪ドル、スイスフランそして日本円など複数の通貨でも投資可能な点」だ。有事に強いファンドに少額から投資でき、また通貨分散も行なえるというのは、個人投資家にとっては他にはない貴重な魅力と言える。

私は、比較的売買が頻繁にできることと日本円が選択可能な点も非常に気に入っている。なぜかと言えば、今度の恐慌相場ではオセアニア通貨をはじめとしてユーロ圏通貨なども短期的には大きく売られる一方で、日本円はまだこの時点では相対的には安全通貨と見なされ円高に振れると見ているからだ。つまり、恐慌に強い戦略を、強い通貨で、しかも機動的に取引できるのである。非常に心強い限りではないか。

なお、「T─ミニ」は運用開始から日が浅いが、このファンドの基になっている「Tファンド」は二〇〇三年以来の運用実績を持っている。こちらは最少投

Tファンドチャート

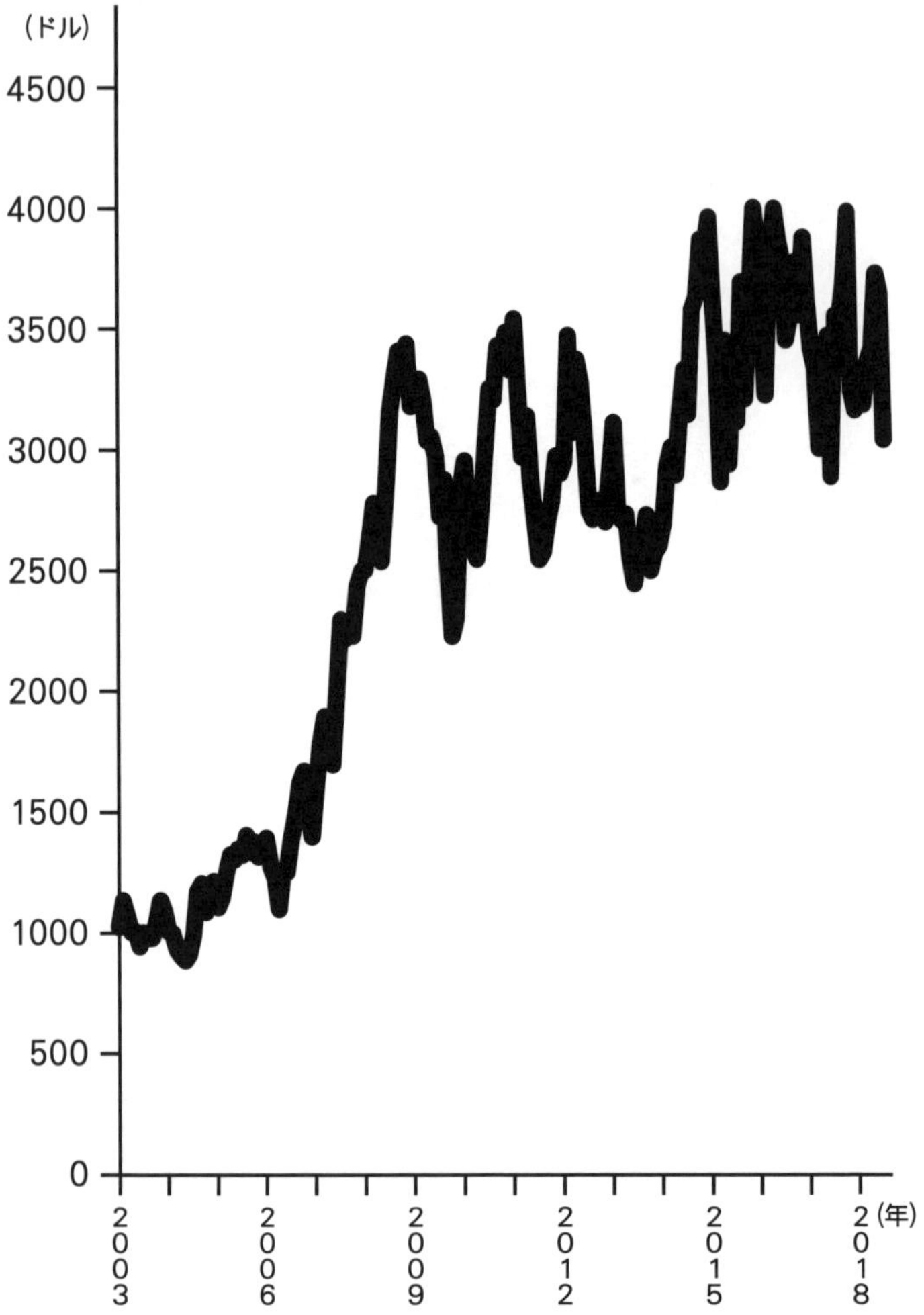
(ドル)
4500
4000
3500
3000
2500
2000
1500
1000
500
0
2003
2006
2009
2012
2015
2018
(年)

Tファンド騰落表

（単位：％）

	1月	2月	3月	4月	5月	6月	7月	8月	9月	10月	11月	12月	年初来
2003				5.06	11.04	−5.24	−6.68	−0.23	−5.83	6.18	−2.21	−0.11	0.54
2004	5.98	9.05	−3.63	−7.78	−1.02	−6.34	−3.32	−1.67	2.82	8.31	18.70	2.70	22.88
2005	−9.60	6.99	4.16	−8.91	3.77	8.52	6.22	−1.40	3.27	−1.65	6.35	−5.34	10.66
2006	3.48	−4.68	2.03	3.72	−8.57	−3.56	−10.24	13.49	0.06	11.13	7.00	8.88	21.46
2007	3.17	−8.85	−8.32	15.14	11.19	5.95	−4.99	−5.76	17.31	15.23	−3.39	1.94	39.38
2008	−1.26	9.30	2.31	0.40	5.08	5.49	−5.04	−3.64	11.25	11.58	4.33	3.60	50.87
2009	−0.54	1.36	−7.54	0.58	2.99	−2.76	−5.02	0.44	−2.54	−8.52	5.53	−12.72	−26.45
2010	−11.04	3.20	22.80	4.61	−11.89	−0.44	−1.78	7.49	9.70	8.27	−1.37	6.81	36.66
2011	−1.82	3.59	−4.41	6.28	−9.46	−7.47	5.97	−8.75	−5.51	−5.97	1.21	4.73	−21.19
2012	3.22	6.70	−2.37	1.51	17.73	−11.52	9.85	−2.85	−7.56	−9.42	−1.07	1.89	2.42
2013	0.85	−3.00	6.81	7.66	−11.82	−1.22	0.86	−6.68	−4.00	4.23	2.06	4.75	−1.35
2014	−8.40	2.94	1.15	3.60	8.81	2.57	−3.79	8.94	5.63	−5.57	13.76	1.44	33.04
2015	6.59	−1.31	3.77	−8.04	−7.57	−14.85	20.35	−15.10	13.93	−6.72	18.46	−13.02	−11.61
2016	12.19	11.19	−3.66	−8.83	−8.31	18.39	4.71	−3.22	−2.14	−8.84	2.79	6.44	17.64
2017	−5.71	8.99	−6.58	−5.73	−2.16	−10.09	2.08	13.22	−17.03	23.28	−0.62	4.36	−2.40
2018	8.23	−18.72	−2.31	2.30	−1.47	5.47	1.75	8.88	−2.42	−17.31			−18.33

資額も格段に大きく、また価格の上下動もかなり大きいため個人投資家が取り組むにはかなり扱いづらいファンドであるが、「T―ミニ」はそれを小型化しかつ価格変動幅を低く抑えているため、非常に取り組みやすくなっている。参考までに、基になっている「Tファンド」の月間騰落とチャートを掲載しておく。

こうしたファンドの活用に興味がある方は、ぜひ私が主宰している会員制クラブ「ロイヤル資産クラブ」「自分年金クラブ」に入会し、専任スタッフのサポートを受けて取り組んでいただくことをお勧めする。およそ二〇年にわたる海外ファンド情報の提供と、豊富な助言経験によってあなたの資産防衛をしっかりとサポート可能である。興味のある方は、㈱日本インベストメント・リサーチ（巻末参照）までお問い合わせいただきたい。

実践対策上級②――金（ゴールド）と並ぶ現物資産を持つ

実践対策⑦で、金（ゴールド）が恐慌対策に有効であることを紹介した。ただ、やはり金にも弱点があることにも触れた。国家による没収リスク、重くて持ち運びがしにくい（その上空港などの金属探知機にも引っかかる）、偽物が出回るリスクなどだ。

しかし、こうした金の弱点を補完する現物資産が存在するのだ。それはズバリ、「ダイヤモンド」である。

■なぜダイヤなのか？　本当にダイヤでよいのか？

少し詳しい方なら、「なぜダイヤモンド？　本当に大丈夫？？」と思ったに違いない。なぜなら、ダイヤモンドは一般的に見て、金とは比べ物にならないほど換金性が悪く、またニセモノのリスクも当然のようにあるからだ。そもそも金のように決まった市場や価格相場があるものではないため、最悪換金すらできないこともあるのだ。

しかし私は、その問題をクリアして一定の資産価値を維持できるダイヤの保有方法にたどり着いた。その最重要のポイントは、「正しい売買ルートを選ぶ」ということだ。

ダイヤを入手する一般的な方法は、宝石店や百貨店での購入だろう。しかし、これは資産防衛の役にはまったく立たない。偽物のリスクは少ないかもしれないが、著しく割高であり売却して現金化することも困難な場合も多い。現金化できたとしても、良くて五分の一、通常は一〇分の一程度にしかならない。要するに、嗜好品の域である。

一方、ダイヤの専門業者は売買に際してオークションを活用することが非常に多い。そして、オークションの世界では実勢の取引価格が大体決まっており、定期的にその取引価格のレポートまで出ている。つまり、プロの世界にはきちんとマーケットがあり、適正価格もきちんと存在するのである。このレポートにある参考価格を知ってしまうと、ハッキリ言って市井の宝石店や百貨店でダイヤを買うのがバカらしくなってしまう。なんと、デパートや有名宝飾ブランドの店頭価格の三分の一程度なのである。

さらに衝撃的なのは、実際のオークションではそのレポートのさらに半額程度で取引されることもザラなのだということだ。

残念ながら、一般の個人や事情を知らない事業者がこうしたオークション市場にアクセスすることはほとんどできない。これはダイヤ流通の歴史と深い関わりがあるためだが、もし興味がある方は拙書『有事資産防衛　金か？　ダイヤか？』（第二海援隊刊）をご参照いただきたい。

このほど縁あって、私はこのダイヤモンドオークション市場に直接アクセスでき、そして非常に適正な価格で個人のダイヤモンド売買を仲介してくれるプロ業者の方と接点を持つことができた。おそらく同様のことができる同業他社は国内にもあるのかもしれないが、私が知りうる限りではこうした優良な業者は日本国内でその一社しか知らない。もしご関心がおありの読者の方がいれば、そうした情報をお伝えする「ダイヤモンド情報センター」を開設しているので㈱第二海援隊までご連絡いただきたい。

なお、当然ながらこのプロ向けマーケットでは国際的にもっとも評価の高い宝石研究機関である米国宝石学会（ＧＩＡ）による厳正な鑑定を受けた真正品しか取引されない。プロ中のプロが集まる場所であるから当然である。したがって、そこを通じて購入した物は間違いなくホンモノであり、また売却もオークションを通じれば適正価格で行なってくれるので安心である。

■どの程度のものが資産防衛に適切か

ダイヤモンドは、○・○一カラットといった極めて小さいものから、数カラットもある億単位のものまであり非常に幅が広い。しかし、資産防衛を目的とした場合には適切な大きさ、品質というものが存在する。詳しい説明は前出の拙書『有事資産防衛　金か？　ダイヤか？』に譲るが、大体次ページの図のような要件を満たすものがオークション流通量も多く価格が安定しているため適切である。

極めて基本的なことだが、資産防衛目的で保有するダイヤは、宝飾品に加工していないいわゆる「ルース」（石単体）に限る。指輪などになっているものは、専門業者が加工しておりその分デザイン料や加工賃が上乗せされて割高になっているためだ。また、加工時に石に細かい傷がついたりして、売却時に評価が

資産保全・資産防衛として役立つダイヤの品質

カラット

1〜3カラット

クラリティ

VS以上

カラー

D、E、F

カット

GOOD以上

蛍光性

NONEまたはFAINT

下がる恐れもある。

　また、品質保証は極めて重要だが、国際的にも通用することを考慮すると前述した米国宝石学会（ＧＩＡ）の鑑定書がついているものが良い。日本ではＣＧＬ（中央宝石研究所）という団体が鑑定を行なっているが、将来的に海外に持ち出す可能性やオークションでの流通を考えると、ＧＩＡの方が有利である。

　こうした条件を満たすものは、市井の価格が大体一三〇〜一五〇万円程度とのことだが、ダイヤモンド業者のオークション相場はこれより相当安いという。したがって、やり方次第ではより有利に購入することも可能となる。

　そして肝心の保有割合だが、金を補完する資産という位置づけで、金と同じく全資産の五〜一〇％程度が妥当であろう。また、大きいダイヤを一つ買うより、小粒のダイヤ（と言っても一カラット以上）を複数持つ方が望ましい。小口で現金化でき、また万が一の紛失へのリスク分散にもなるためだ。

激動の時代こそ、たくましく笑って乗り切ろう!!

恐慌生き残りのための資産防衛を確かなものとするため、「心構え」「知識」「実践対策」の三本柱を見てきた。必要にして十分な知識はすでにあなたの頭の中にたたき込まれたと思うが、それを実行して生き残りを現実のものにできるかどうかはすべてあなたの決意次第にかかっている。実践に移すのであれば、ぜひとも「来週から」「明日から」ではなく、本書を閉じた「その瞬間」から始めていただきたい。対策の中で触れた通り、「この世はすべて早い者勝ち」であり、先行する者の方がより成功確率が高くなるからだ。

恐慌や国家破産が到来する激動の時代は、大多数の人々にとっては受難の時代である。しかし、見方を変えればこれほど面白い時代はない。実は、資産防衛という本章の主旨に外れるためほとんど触れなかったが、激動と動乱の時代を逆手にとって「守り」の資産運用ではなく、積極的な「攻め」の資産運用を行なうという方法もある。この方法を上手に使いこなせば、一介のサラリーマンや主婦、年金生活者でも短期間に莫大な財産を築き、大資産家になることすらできる。まさに夢のような話だが、現実にこうしたチャンスがそこかしこに転がっているのが激動の時代なのである。本書のエピローグに、そのチャンスの一端をご紹介しているので、最後まで気を抜かずに読み通していただきたい。

経済活動の停滞、株や不動産の急落、金融パニックの到来、治安悪化……人々の頭上に鉛のような暗雲が垂れ込め、誰もが不安でうつむいてしまうような時代が間もなくやってくる。しかもそれは、今生きている人たちが生きている間には二度と経験しないほどに深刻なものとなるだろう。

しかし、考えようによってはそんな時代を生きるという経験はめったにできない貴重なものである。本書をお読みいただいた読者の皆様には、ぜひとも恐慌対策を存分に実践していただき、恐慌の不安を笑い飛ばしてたくましく激動を乗り切っていただきたい。そして一〇年後、二〇年後には笑顔で皆様と再会できることを楽しみに私も激動の時代を謳歌したいと思う。皆様の健闘を祈る!!

エピローグ

何でも思い切ってやってみることですよ。どっちに転んだって人間、
野辺の石ころ同様、骨となって一生を終えるのだから。

（坂本龍馬）

ピンチをチャンスに変えるために

私の最新予測では、株が大暴落を始めるのは早ければ二〇一九年後半であり、遅くとも二〇二〇年のどこかからはそれがスタートするだろう。

こうした危機の時には「不変の法則」がある。全員が資産を失うわけではないということだ。なんと九五％の人々が資産を減らす中で、五％の人々は逆に何十倍、何百倍にも資産を殖やすのだ。しかもその中の五分の一の一％の人々（つまり一〇〇人中一人）は資産を大きく殖やして大資産家になって行く。まさにピンチをチャンスに変えた人々だ。羨ましい限りだ。

しかし、ここにその「ピンチをチャンスに変える」ための〝伝家の宝刀〟があるのだ。それこそ「日経平均オプション」である。私はこれを二六年もの間研究し続け、プロジェクトとして暖めてきた。そしてそれを投資家のために役立てる時がきたと思い、世界初の「オプション研究会」という名の投資クラブ

危機の時の「不変の法則」

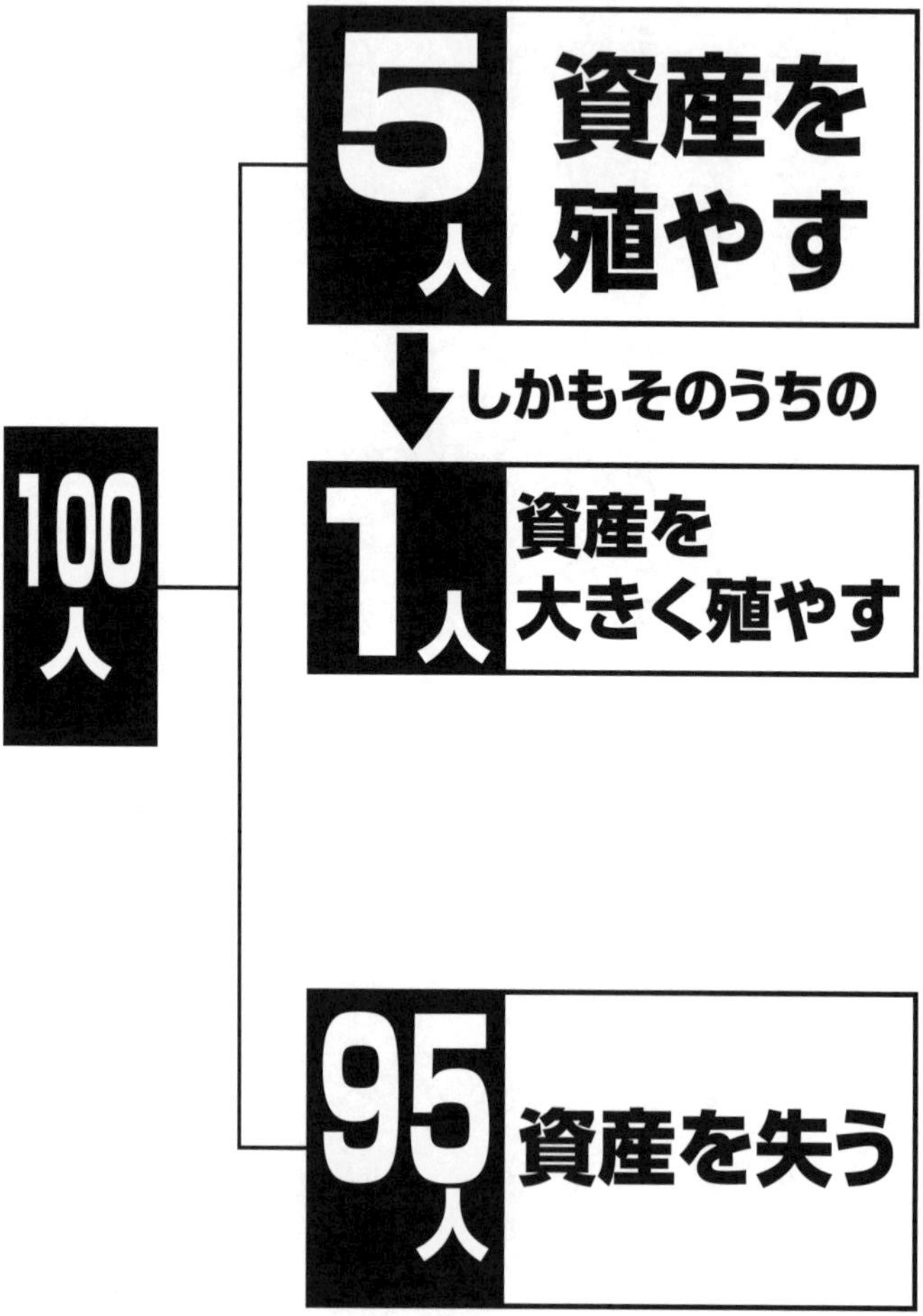
100人
5人
資産を殖やす
しかもそのうちの
1人
資産を大きく殖やす
95人
資産を失う

を発足することを決めた。

大暴落がくれば、短期間（一ヵ月とか六ヵ月）で投下資金（元本）を五〇～四〇〇倍（巧妙なやり手の投資家ならば一〇〇〇倍もありうる）にできる唯一のノウハウだ。しかも先物と同様、大証（大阪取引所）に上場されているものだ。これを使わない手はない。投資家にとってはこれ以上の性能のものは存在しない〝究極の投資手段〟だ。

そのやり方を教える「オプション研究会」にはすでに多くの入会希望者が殺到している。次ページからの情報を読んでいただき、お早目のお問い合わせをお待ちしている。もうすぐやってくる大ピンチを大チャンスに変え、いっしょに美酒を酌み交わそうではないか。それでは読者諸氏のご健闘を祈る‼

二〇一八年一一月吉日

浅井　隆

■今後、『恐慌と国家破産を大チャンスに変える！』『国家破産ベネズエラ突撃取材』『いよいよ、恐慌目前！　株価大崩壊』（すべて仮題）を順次出版予定です。ご期待下さい。

浅井隆からの重要なお知らせ

——恐慌を勝ち残るための具体的ノウハウ

「オプション研究会」好評始動中!!

リーマン・ショックから一〇年。市場はすさまじい恐慌相場による教訓を忘れ、一部では溢れかえる金融緩和マネーの流入によってバブル経済を引き起こしつつあります。世界経済は、次なる暴落局面に向けて着々とエネルギーを蓄えているかのようです。

しかし、こうした相場大変動の局面は「オプション投資」にとっては千載一遇の大チャンスにもなり得ます。このチャンスをしっかりとモノにできれば、サラリーマンは資産家に、そして小金持ちは大富豪になることすら夢ではありません。

ただ、この好機をつかむためには、オプション取引の基本を理解し、暴落相場における収益シミュレーションを入念に行なって、いざコトが始まった時にすぐさま対応できるよう準備を整えることが何より重要です。またこうした準備は、なるべく早いうちに行なうことが成功のカギとなります。

そこで今回、浅井隆自らがオプション投資の魅力と活用のコツ、そしてそれを実践するための基本から暴落時の投資シナリオに至るまでの必要な知識と実践法を伝授し、そしてイザ大変動が到来した際は投資タイミングに関する情報も発信する新たな会員制クラブ「オプション研究会」を一〇月一日に発足しました。募集早々からお問い合わせが殺到し、すでに第一次募集の定員一〇〇名については満員となりました。目下、追加募集に向けた準備を行なっておりますが、情報の性質やオプション市場の規模などを考慮して、二二二〇名限定（残り一二〇名）にて完全に募集を締め切り、その後はウエイティングリストに編入させていただく予定です。

ここで、「オプション取引」についてご存じない方のために、ごく簡単にその魅力の一端をご紹介します。

まず、投資対象は大阪取引所に上場されている「日経平均オプション」という金融商品で、ある将来時点での日経平均株価を、あらかじめ決まった価格で「買う」または「売る」ことのできる権利を売買する取引になります。投資に少し明るい方や投資本などからは「リスクが高く、難しいプロ向けの投資法」という指摘がありますが、これは「オプション取引」の一側面を説明しているにすぎません。実は、基本的な仕組みとリスクの高いポイントを正しく理解すれば、リスクを限定しつつ少額から投資して資金を数十〜数百倍にもすることが可能となる、極めて魅力的な投資法となるのです。

オプション取引の主なポイントは以下の通りです。

オプションとは

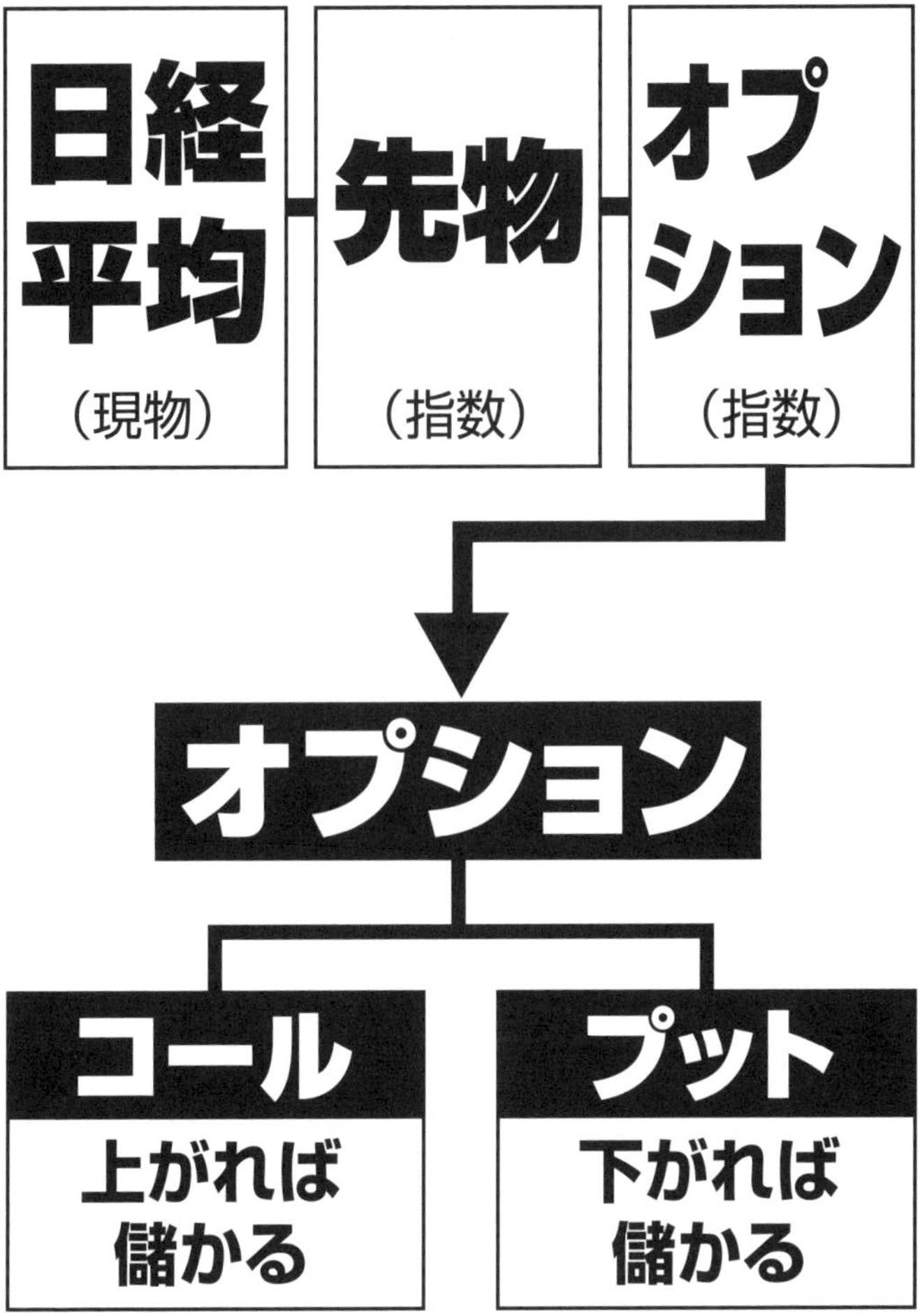
日経平均
（現物）
先物
（指数）
オプション
（指数）
オプション
コール
上がれば儲かる
プット
下がれば儲かる

①取引を権利の「買い建て」に限定すれば、損失は投資した額に限定され、追い証が発生しない（つまり損失は限定）
②数千もの銘柄がある株式投資と異なり、日経平均の「買う権利」（コール）を買うか「売る権利」（プット）を買うかのどちらかなので、ある意味単純明快
③日本の株価がいつ大きく動くのか、タイミングを当てることが成否の最大のポイント
④給与や年金とは分離して課税される（税率約二〇％）
⑤二〇一九年後半～二〇二〇年、株式相場は大荒れが予想されるのでオプションは人生最大のチャンスになる！

「オプション研究会」では、オプション投資はおろか株式投資の経験もないという方でも、チャンス到来の時にはしっかりと取引を行なって収益機会を活用できることを目指し、懇切丁寧に指導いたします。もちろん、オプション取引は「誰でも簡単に投資し、利益を得られる」というものではありませんが、「一生に一度」にもなるかもしれない好機をぜひ活かしたいという意欲があれば、

必ずやこのクラブを通じてオプション投資の基本を習得し、そして実践できるだけの力を身に付けていただけると自負いたします。また、大きな収益期待がある投資方法は、それに伴うリスクにも十分に注意が必要となりますが、その点についてもクラブにて手厚く指導いたしますのでご安心ください。

ご関心がおありの方は、ぜひこのチャンスを逃さずにお問い合わせ下さい。

「オプション研究会」無料説明会を追加開催します!

去る一二月一五日、「オプション研究会」をより詳しく知るための無料説明会を開催いたしましたが、定員を大幅に上回るお申し込みが殺到したため、早々に受付を打ち切らせていただくこととなりました。

つきましては、急きょ無料説明会を追加開催することといたしました。なお、会場の都合上、定員は一〇〇名となります。すでに多くの方からお申込みをいただいており、今回も早々に定員に達してしまう可能性がありますので、ぜひお早めにお申し込みください。

開催日時：二〇一九年一月二一日（月）　一二：〇〇～一五：〇〇
三月　二日（土）　一三：〇〇～一六：〇〇
会場：㈱第二海援隊 隣接セミナールーム
受講料：無料　定員：一〇〇名
「オプション研究会」および「無料説明会」に関する詳しいお問い合わせは
㈱日本インベストメント・リサーチ「オプション研究会」まで
TEL：〇三―三二九一―七二九一　FAX：〇三―三二九一―七二九二
Eメール：info@nihoninvest.co.jp

浅井隆が詳説！「オプション研究会」無料説明会DVD

オプションに重大な関心を寄せているものの、追加の無料説明会にはご参加が難しいという方のために、浅井隆自らがオプション投資の魅力と活用のコツ、そしてそれを実践するための専門的な助言クラブである「オプション研究会」の内容を詳しく解説した無料説明会DVDを頒布いたします（内容は一二月一五日の無料説明会を収録したものです）。「書籍を読んだけど、今少し理解を深めたい」「浅井隆からのメッセージを直接聞いてみたい」という方は、ぜひこの機会にご入手ください。なお、音声のみをご希望の方にはＣＤの頒布もございます。

「オプション研究会 無料説明会 受講ＤＶＤ／ＣＤ」

（収録時間：ＤＶＤ・ＣＤとも約一五〇分を予定）

価格：特別ＤＶＤ……三〇〇〇円（実費 送料込）

ＣＤ……二〇〇〇円（実費 送料込）

※ ＤＶＤ・ＣＤとも、お申込み確認後約一〇日でお届けいたします

（ただし一月下旬以降発送）。

「オプション研究会 無料説明会 受講ＤＶＤ／ＣＤ」に関するお問い合わせは

㈱第二海援隊 オプション研究会 担当」まで

ＴＥＬ：〇三―三二九一―六一〇六　ＦＡＸ：〇三―三二九一―六九〇〇

Ｅメール：info@dainikaientai.co.jp

厳しい時代を賢く生き残るために必要な情報収集手段

日本国政府の借金は先進国中最悪で、GDP比二四〇%に達し、太平洋戦争終戦時を超えて、いつ破産してもおかしくない状況です。国家破産へのタイムリミットが刻一刻と迫りつつある中、ご自身のまたご家族の老後を守るためには二つの情報収集が欠かせません。

一つは「国内外の経済情勢」に関する情報収集、もう一つは「海外ファンド」や「海外の銀行口座」に関する情報収集です。これについては新聞やテレビなどのメディアやインターネットでの情報収集だけでは絶対に不十分です。私はかつて新聞社に勤務し、以前はテレビに出演をしたこともありますが、その経験から言えることは「新聞は参考情報。テレビはあくまでショー(エンターテインメント)」だということです。インターネットも含め誰もが簡単に入手できる情報で、これからの激動の時代を生き残って行くことはできません。

皆様にとってもっとも大切なこの二つの情報収集には、第二海援隊グループ

（代表　浅井隆）で提供する特殊な情報と具体的なノウハウをぜひご活用下さい。

"恐慌および国家破産対策"の入口「経済トレンドレポート」

皆様に特にお勧めしたいのが、浅井隆が取材した特殊な情報や、浅井が信頼する人脈から得た秀逸な情報をいち早くお届けする「経済トレンドレポート」です。今まで数多くの経済予測を的中させてきました。

そうした特別な経済情報を年三三回（一〇日に一回）発行のレポートでお届けします。初心者や経済情報に慣れていない方にも読みやすいレポートで、新聞やインターネットに先立つ情報や、大手マスコミとは異なる切り口からまとめた情報を掲載しています。

さらにその中で恐慌、国家破産に関する『特別緊急警告』も流しております。「激動の二一世紀を生き残るために対策をしなければならないことは理解したが、何から手を付ければよいかわからない」「経済情報をタイムリーに得たいが、難しい内容にはついて行けない」という方は、まずこの経済トレンドレポートをご購読下さい。経済トレンドレポートの会員になられますと、講演会など様々な割引・特典を受けられます。

詳しいお問い合わせ先は、㈱第二海援隊まで。

ＴＥＬ：〇三（三二九一）六一〇六　ＦＡＸ：〇三（三二九一）六九〇〇

Ｅメール：info@dainikaientai.co.jp　ホームページアドレス：http://www.dainikaientai.co.jp/

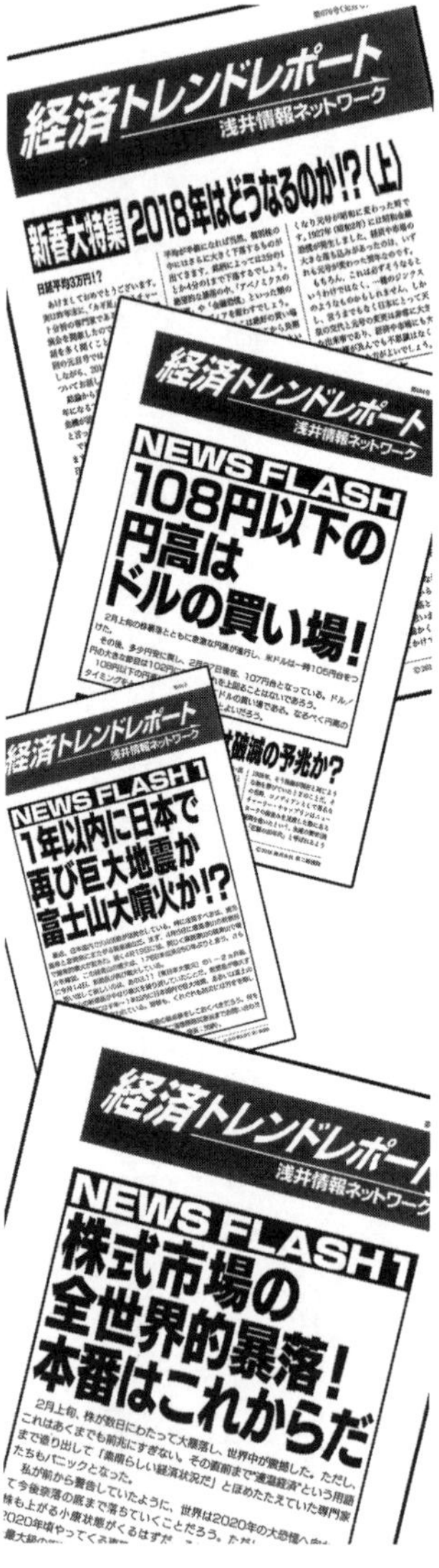

〈参考文献〉

【新聞・通信社】

『日本経済新聞』『読売新聞』『朝日新聞』『産経新聞』『共同通信』『AFP』
『日経ヴェリタス』『ブルームバーグ』『ロイター』『フィナンシャル・タイムズ』

【書籍】

『そろそろ左派は〈経済〉を語ろう』（ブレイディみかこ・松尾匡・北田暁大・亜紀書房）

【拙著】

『有事資産防衛 金か？　ダイヤか？』（第二海援隊）
『元号が変わると戦争と恐慌がやってくる!?』（第二海援隊）
『2020年世界大恐慌』（第二海援隊）
『2020年までに世界大恐慌その後、通貨は全て紙キレに』（第二海援隊）
『2017年の衝撃〈下〉』（第二海援隊）
『2010年の衝撃』（第二海援隊）

【論文】

『バブル経済の崩壊と日本経済の本質』（桜井良治・静岡大学）

【その他】

『ロイヤル資産クラブレポート』『経済トレンドレポート』『週刊エコノミスト』

【ホームページ】

フリー百科事典『ウィキペディア』
『ウォール・ストリート・ジャーナル電子版』『バロンズ』『CNN ビジネス』
『内閣府』『衆議院』『財務省』『経済産業省』『総務省統計局』『NHK』
『IMF』『TRADING ECONOMICS』『JUWAI.COM』『REINZ』『iFinance』
『公益財団法人ニッポンドットコム』『公益財団法人資本市場研究会』
『日本総研』『大和総研』『東京商工リサーチ』『日興リサーチセンター』
『全国銀行協会』『ニッセイアセットマネジメント株式会社』『note』
『NIKKEI STYLE』『man@bow』『東洋経済』『産経ニュース』『GAZOO』
『現代ビジネス』『JCAST ニュース』『ZUU online』『ねとらぼ』『ゲーテ』
『美術手帳』『コトバンク』『ペペラといっしょ』『NEWS ポストセブン』
『大紀元時報』『サーチナ』『フロントロウ』『塾講師 STATION』

〈著者略歴〉
浅井　隆　（あさい　たかし）

経済ジャーナリスト。1954 年東京都生まれ。学生時代から経済・社会問題に強い関心を持ち、早稲田大学政治経済学部在学中に環境問題研究会などを主宰。一方で学習塾の経営を手がけ学生ビジネスとして成功を収めるが、思うところあり、一転、海外放浪の旅に出る。帰国後、同校を中退し毎日新聞社に入社。写真記者として世界を股に掛ける過酷な勤務をこなす傍ら、経済の猛勉強に励みつつ独自の取材、執筆活動を展開する。現代日本の問題点、矛盾点に鋭いメスを入れる斬新な切り口は多数の月刊誌などで高い評価を受け、特に 1990 年東京株式市場暴落のナゾに迫る取材では一大センセーションを巻き起こす。
その後、バブル崩壊後の超円高や平成不況の長期化、金融機関の破綻など数々の経済予測を的中させてベストセラーを多発し、1994 年に独立。1996 年、従来にないまったく新しい形態の 21 世紀型情報商社「第二海援隊」を設立し、以後約 20 年、その経営に携わる一方、精力的に執筆・講演活動を続ける。2005 年 7 月、日本を改革・再生するための日本初の会社である「再生日本 21」を立ち上げた。主な著書：『大不況サバイバル読本』『日本発、世界大恐慌！』（徳間書店）『95 年の衝撃』（総合法令出版）『勝ち組の経済学』（小学館文庫）『次にくる波』（PHP 研究所）『Human Destiny』（『9・11 と金融危機はなぜ起きたか !?〈上〉〈下〉』英訳）『あと 2 年で国債暴落、1 ドル＝ 250 円に !!』『いよいよ政府があなたの財産を奪いにやってくる !?』『2017 年の衝撃〈上〉〈下〉』『すさまじい時代〈上〉〈下〉』『世界恐慌前夜』『あなたの老後、もうありません！』『日銀が破綻する日』『ドルの最後の買い場だ！』『預金封鎖、財産税、そして 10 倍のインフレ !!〈上〉〈下〉』『トランプバブルの正しい儲け方、うまい逃げ方』『世界沈没――地球最後の日』『2018 年 10 月までに株と不動産を全て売りなさい！』『世界中の大富豪はなぜＮＺに殺到するのか !?〈上〉〈下〉』『円が紙キレになる前に金を買え！』『元号が変わると恐慌と戦争がやってくる !?』『有事資産防衛　金か？　ダイヤか？』『第 2 のバフェットかソロスになろう !!』『浅井隆の大予言〈上〉〈下〉』『2020 年世界大恐慌』『北朝鮮投資大もうけマニュアル』『この国は 95％の確率で破綻する !!』『徴兵・核武装論〈上〉〈下〉』『100 万円を 6 ヵ月で 2 億円にする方法！』（第二海援隊）など多数。

最後のバブルそして金融崩壊

2018 年 12 月 25 日　初刷発行

著　者　浅井　隆
発行者　浅井　隆
発行所　株式会社　第二海援隊
〒 101-0062
東京都千代田区神田駿河台２-５-１　住友不動産御茶ノ水ファーストビル８Ｆ
電話番号　03-3291-1821　　ＦＡＸ番号　03-3291-1820

印刷・製本／株式会社シナノ

ISBN978-4-86335-194-3
Printed in Japan

第二海援隊発足にあたって

日本は今、重大な転換期にさしかかっています。にもかかわらず、私たちはこの極東の島国の上で独りよがりのパラダイムにどっぷり浸かって、まだ太平の世を謳歌しています。

しかし、世界はもう動き始めています。その意味で、現在の日本はあまりにも「幕末」に似ているのです。ただ、今の日本人には幕末の日本人と比べて、決定的に欠けているものがあります。それこそ、志と理念です。現在の日本は世界一の債権大国（＝金持ち国家）に登り詰めはしましたが、人間の志と資質という点では、貧弱な国家になりはててしまいました。それこそが、最大の危機といえるかもしれません。

そこで私は「二十一世紀の海援隊」の必要性を是非提唱したいのです。今日本に必要なのは、技術でも資本でもありません。志をもって大変革を遂げることのできる人物と、それを支える情報です。まさに、情報こそ〝力〟なのです。そこで私は本物の情報を発信するための「総合情報商社」および「出版社」こそ、今の日本にもっとも必要と気付き、自らそれを興そうと決心したのです。

しかし、私一人の力では微力です。是非皆様の力をお貸しいただき、二十一世紀の日本のために少しでも前進できますようご支援、ご協力をお願い申し上げる次第です。

浅井　隆